人とつながる
介護の日本語

嶋田和子 著／小倉和也 監修

アルク

はじめに

『人とつながる　介護の日本語』は、介護の現場で仕事をしている人や、これから働こうという日本語学習者を対象とした教材です。2008年にEPAによる介護福祉士候補者の受け入れが始まって以来、介護人材のためのさまざまな日本語学習教材が誕生しました。そうした中で、介護現場で求められてきたことの一つが、「現場での円滑なコミュニケーション」のための日本語学習教材です。

本教材は、介護の専門的な知識を学ぶためのものではなく、介護の場面・状況の中で、日本語力を身につけることを目的としています。もちろん介護現場の場面をもとにして、自然に基本的な介護の知識も学べるように工夫されています。そして、何よりも大切にしているのが、利用者さん、利用者さんのご家族、介護現場のスタッフとのコミュニケーション力をつけることと言えます。利用者さんとの「おしゃべりのタネ」もたくさんまきました。

日本語レベルとしては、『できる日本語』シリーズ（株式会社アルク・株式会社凡人社）の「初中級」修了程度を想定しています。そのため、語彙訳は「中級」以上のものを取り上げて別冊のリストにあげてあります。日本語力がまだ中級に入るレベルに至っていない学習者の場合には、パートⅠ、パートⅡをやった後に、パートⅢを学ぶといった方法も考えられます。どうぞ学習者に合わせてお使いください。

本教材が大切にしていることとして、

1. 学習者が自ら学ぶ力をつける
2. 他者への配慮のある会話を目指す
3. 介護の「こころ」を学び、介護人材としてのキャリアを考える

といったことがあります。使ってくださる方々との対話を大切にし、これからもリソースや実践例などをアクラス日本語教育研究所のサイトに公開していきたいと考えています。ご一緒に本教材を育てていただければ、うれしく思います。

2022年　11月
嶋田　和子

目次

無料ダウンロード音声について

本書の音声はパソコンかスマートフォンでダウンロード・再生ができます。

パソコンからのダウンロード

①アルクダウンロードセンターにアクセス
https://portal-dlc.alc.co.jp

②本書のタイトル「人とつながる 介護の日本語」または商品コード（7022061）を検索して、音声データをダウンロード

スマートフォンからのダウンロード

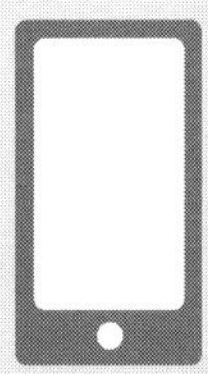

①無料アプリ「booco」をインストール
https://s.alc.jp/3dSKxS4

②boocoのホーム画面の「さがす」から本書のタイトル「人とつながる 介護の日本語」または商品コード（7022061）を検索して、音声データをダウンロード

学習する方へのメッセージ

1. 目指していること

このテキストは介護施設での場面や状況を使って、利用者さんや他のスタッフとのコミュニケーション力を身につけることを目指しています。同時に、日本の文化や日本事情について介護をテーマにして学ぶことを大切にしています。巻末にある「楽しい読み物　ことば・文化・介護のこころ」では、介護という仕事の楽しさ・やりがいなども取り上げました。

「質問の答え」が書いていないところがありますが、それは周りの人に聞いたり、自分で調べたりしながら進めてください。「自分で学ぶ力」は、現場に立ったときに、とても大切です。

2. 好きな課からスタート！

１課８ページで15課、そして巻末に「楽しい読み物」があります。どこからスタートしても構いません。まずイントロダクションを読んで、次に第１課に進んでください。第１課の「ことば」に出てきたものは、他の課では拾っていません。

5つのポイント

まずチャレンジしてみよう！

まずは自分でやってみましょう。

答えは自分で見つけよう！

自分で調べたり、人と対話したりしましょう。

人とつながるために「ことば」を学ぼう！

文脈や場面・状況を大切にし、他者への配慮を忘れないようにしましょう。

「ことば」の後ろにある「文化」を知ろう！

さまざまな文化・考え方に触れましょう。

介護の「こころ」を学ぼう！

介護の理念を理解しましょう。

3. 課の構成とパートの難易度

［パートⅠ ＜パートⅡ ＜パートⅢ］と、課の中で難易度が上がっていきます。もし「今の力では、パートⅢは難しい」と感じたら、まずは「パートⅠとパートⅡ」をすべてやってから、最後に「パートⅢ」に戻るのも選択肢の一つです。

このテキストの大きな特徴として、まずチャレンジしてから、音声を聞くということがあります。音声はお手本ではなく、一つの見本です。それぞれの目的に合わせて、使い方を考えてください。

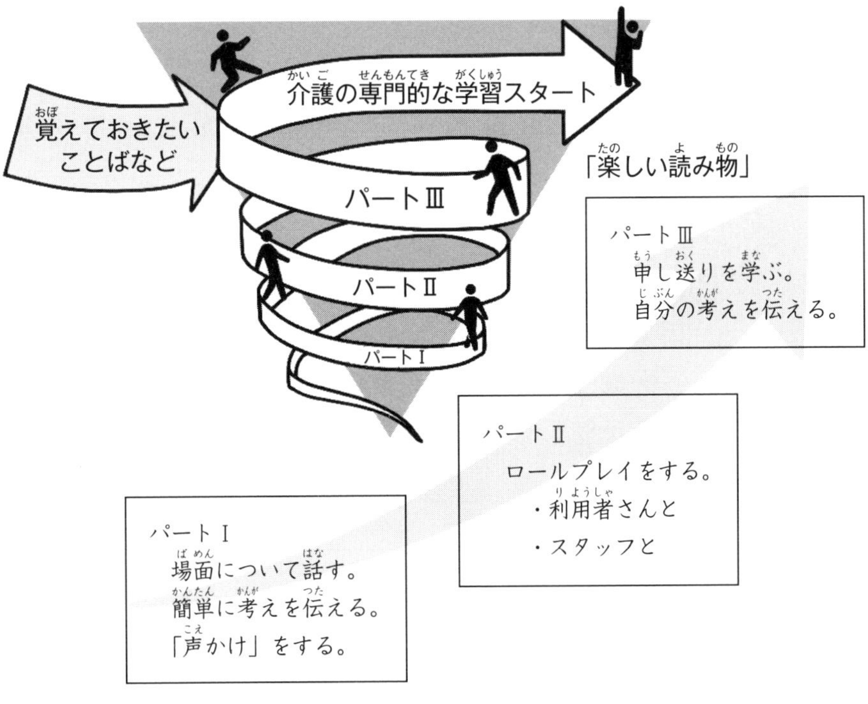

Message to the learners

1. Objectives

With the textbook, you will aim at acquiring the skills to communicate with the users and other care workers using different situations and scenes at care facilities. At the same time, it focuses on learning about the culture and situation of Japan around the nursing care theme. At the end of this textbook, the enjoyment, satisfaction, and other positive aspects of nursing care work are covered in the "Fun Reading: Words, Culture, Nursing Care Spirit" section.

Sometimes, you may not find the answers to the questions asked in this textbook. In such a case, ask the people around you or search by yourself to find the answer and progress. The ability to learn by yourself is very important when working in real conditions.

2. Start from the chapter of your choice!

There are 15 chapters of 8 pages each. At the end of the textbook, you will also find the "Fun Reading" section. You may start from any chapter. First, read the Introduction, and then continue with the first chapter. The words in the "Words" section of chapter 1 are not explained in the other chapters.

5 important points

Take on the challenge!
First, let's try by yourself.

Find the answer by yourself!
Search by yourself and speak with others.

Learn the words to connect to other people.
Pay attention to the context, the situation, and the circumstances and do not forget to treat others with consideration.

Learn the culture behind the words!
Come into contact with various cultures and ways of thinking.

Learn the nursing care spirit!
Understand the philosophy of nursing care.

3. Chapter structure and parts difficulty

The difficulty within a chapter increases between Part I and Part II, and further between Part II and Part III. If you feel that Part III is difficult with your current ability and knowledge, it may be a good idea to first complete Part I and II entirely before returning to Part III.

One of the main characteristics of this textbook is the following principle: first try by yourself before listening to the recordings. The recordings are not models, they are just one example. Think about how you can use them to match your objectives.

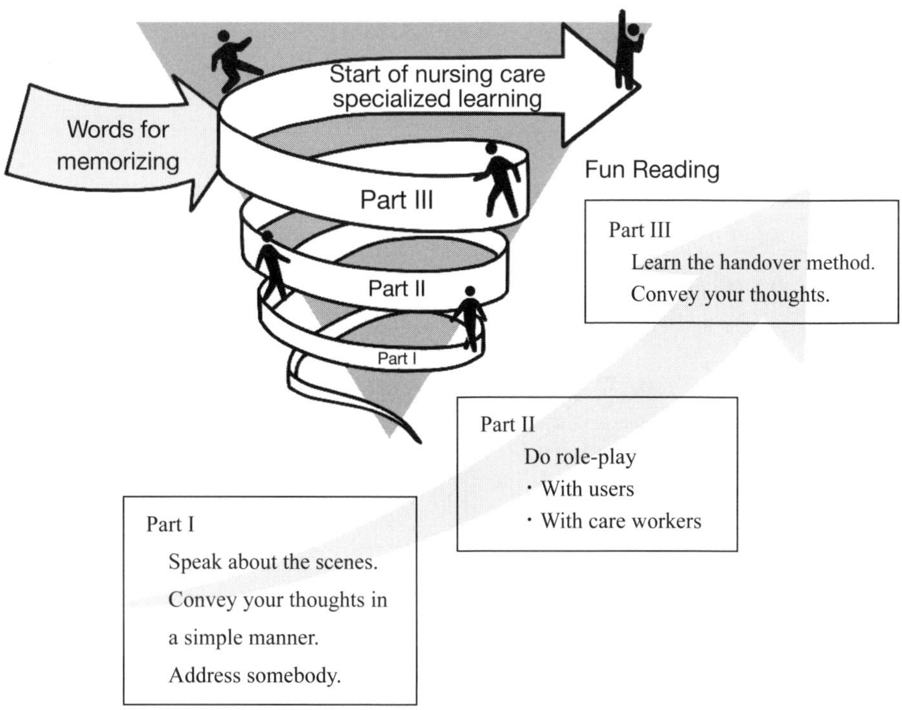

THÔNG ĐIỆP GỬI TỚI NGƯỜI HỌC

1. Mục đích hướng tới

Cuốn sách này hướng tới việc thông qua các tình huống, hoàn cảnh tại cơ sở chăm sóc để trang bị kỹ năng giao tiếp cho người sử dụng và các nhân viên khác. Đồng thời, chúng tôi cũng coi trọng việc đưa nội dung công việc hộ lý, chăm sóc thành chủ đề để từ đó người học có thể học được về văn hóa và đất nước Nhật Bản. Trong phần "Những bài đọc vui từ ngữ - văn hóa – trái tim của người hộ lý chăm sóc" ở cuối cuốn sách có nêu cả những niềm vui, ý nghĩa của công việc hộ lý chăm sóc.

Có cả những phần không có đưa ra "câu trả lời cho câu hỏi", nên các bạn hãy hỏi những người xung quanh hoặc là tự mình tìm hiểu để đi tìm câu trả lời nhé! "Khả năng tự học" rất quan trọng khi các bạn ra làm việc thực tế.

2. Bắt đầu từ bài mình yêu thích!

Có tất cả 15 bài, mỗi bài 8 trang, và ở cuối cuốn sách còn có "Những bài đọc vui". Các bạn có thể học bắt đầu từ đâu cũng được. Trước tiên các bạn hãy đọc phần giới thiệu, sau đó hãy đọc đến Bài 1. Những gì xuất hiện trong phần "Từ ngữ" ở Bài 1 không xuất hiện trong các bài khác.

5 điểm quan trọng

Trước tiên hãy thử sức!
Trước tiên hãy thử tự mình học nhé!

Hãy tự mình đi tìm câu trả lời!
Hãy tự mình tìm hiểu, đối thoại với người khác nhé!

Hãy học "từ ngữ" để kết nối được với mọi người!
Hãy coi trọng mạch văn, tình huống và tình trạng, và đừng quên quan tâm đến những người khác nhé!

Hãy tìm hiểu về "văn hóa" là bối cảnh của "từ ngữ"!
Hãy cùng tiếp xúc với nhiều nền văn hóa và cách suy nghĩ khác nhau!

Hãy học về "trái tim" của người hộ lý chăm sóc!
Hãy tìm hiểu về triết lý của công việc hộ lý chăm sóc!

3. Cấu trúc của các bài và độ khó của mỗi phần

Trong mỗi bài thì độ khó của mỗi phần được nâng dần lên theo cách (Phần I < Phần II < Phần III). Nếu như bạn cảm thấy "Với khả năng của mình hiện tại, Phần III rất khó" thì cũng có một lựa chọn là, trước tiên bạn hãy học xong hết Phần I và Phần II, rồi sau đó hãy quay lại học Phần III.

Một đặc trưng lớn của cuốn sách này là, trước tiên hãy thử sức, rồi sau đó sẽ có phần bài tập nghe âm thanh. Âm thanh ở đây không phải là âm thanh mẫu, mà chỉ là một ví dụ mẫu. Các bạn có thể tự suy nghĩ cách sử dụng cho phù hợp với mục đích riêng của mỗi người.

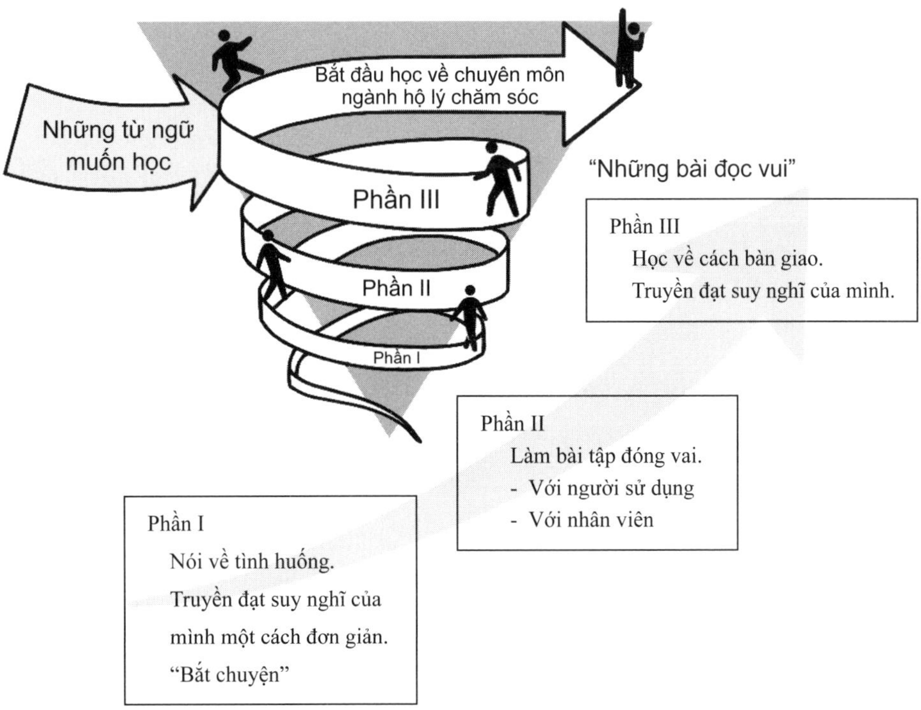

Pesan Bagi Para Pembelajar

1. Tujuan

Teks ini bertujuan untuk memperoleh keterampilan komunikasi antara pengguna dengan staf lain menggunakan situasi dan kondisi di fasilitas perawatan lansia. Pada saat yang sama, juga mengutamakan pembelajaran dengan tema perawatan lansia yang berkaitan dengan budaya Jepang atau kondisi Jepang. Pada “Bacaan Menyenangkan Kosakata, Budaya, Semangat Perawatan Lansia” yang ada di akhir buku, dicontohkan kesenangan, hal-hal yang harus dilakukan dan sebagainya pada pekerjaan yang disebut dengan perawatan lansia.

Ada beberapa yang tidak mencantumkan “jawaban pertanyaan”, untuk poin tersebut lanjutkanlah dengan bertanya pada orang-orang di sekitar atau mencari sendiri. “Kemampuan belajar mandiri” sangat penting saat berada di lokasi.

2. Mulai dari bab favorit!

Dalam teks ini terdapat 8 halaman bab 1, hingga bab 15, dan di akhir buku terdapat “Bacaan Menyenangkan”. Anda bisa memulai dari bab mana saja. Pertama-tama bacalah perkenalan, lalu lanjutkan ke bab 1. Yang terdapat dalam “Kosakata” pada Bab 1, tidak diangkat dalam bab lain.

5 Poin

Ayo coba dulu!

Ayo coba lakukan sendiri dulu.

Ayo temukan jawaban sendiri!

Ayo cari tahu sendiri, atau tanya orang lain.

Ayo pelajari “Kosakata” agar bisa terhubung dengan orang lain!

Utamakan konteks, kondisi/situasi, dan jangan lupa perhatikan orang lain

Ayo ketahui “Budaya” yang ada di belakang “Kosakata”!

Ayo ketahui berbagai budaya dan pola pikir.

Ayo pelajari “Semangat” dari perawatan lansia!

Ayo pahami semangat perawatan lansia.

3. Struktur bab dan tingkat kesulitan bagian

Tingkat kesulitan di pertengahan bab semakin naik dengan "Bagian I < Bagian II < Bagian III". Misalkan Anda merasa "dengan kemampuan saat ini, Bagian III sulit", Anda bisa memilij untuk menyelesaikan semua "Bagian I dan Bagian II" terlebih dahulu, lalu di akhir kembali ke "Bagian III".

Ciri utama teks ini adalah setelah mencoba lalu mendengarkan suara. Suara ini bukan pola tetapi salah 1 contoh. Pikirkanlah cara pemakaian menyesuaikan dengan masing-masing tujuan.

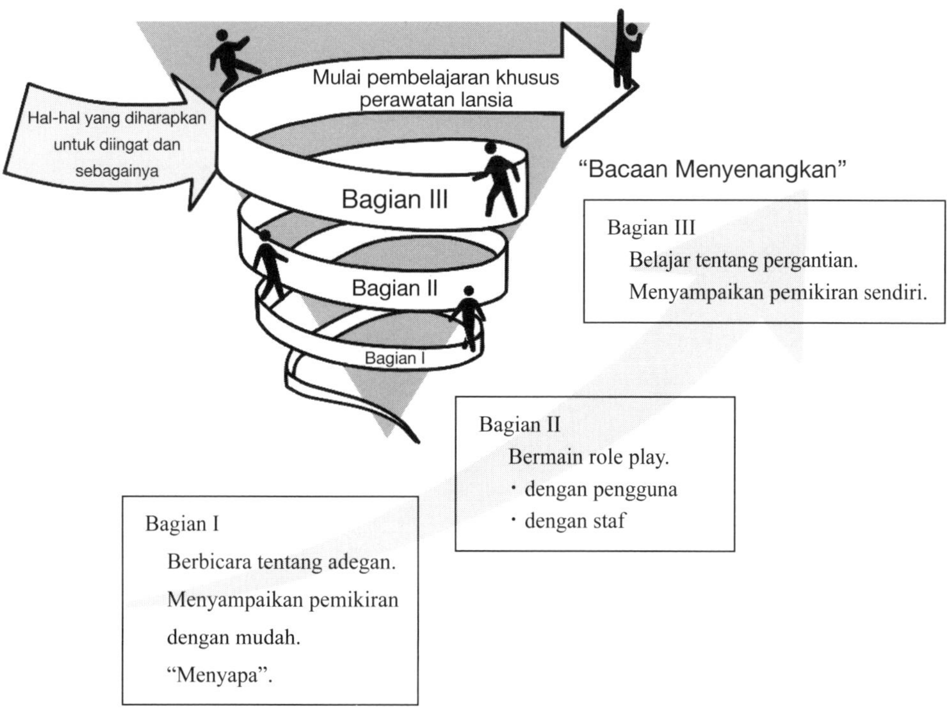

学習を支援する方へ

1. 教科書の構成と使い方

1）各課の構成

15課から成っています。１課に入る前のイントロダクションで「さくらホーム」に入居している4人の利用者さんと、4人の介護スタッフが紹介されています。また、1課では「申し送り」などについて触れていますので、まずイントロダクションを行い、次に1課を行ってください。その後は、モジュール教材ですので、どの課を取り上げても大丈夫です。その課の「ことば」に関しては、各課で拾っていますが、第1課に出てきたことばは除いています。

パートⅠ

A

イラストで示された場面・状況を伝える力を身につけることを目指しています。まずイラストを見て話してもらい、その後、音声を聞いてみます。音声はあくまで一つの例であり、このように話せることを目指すのではありません。「そうか、こういう言い方もあるんだ」とわかればいいと考えてください。学習者が持っている力で相手に伝える、伝えたいという気持ちを持つこと、そしてチャレンジしてみることが大切です。

次のページにスクリプトがありますが、これも参考として載せてあるものです。ここにあることばをすべて覚えなければならないということではありません。クラスや学習者のレベルや環境に合わせてお使いください。

B

Aで語った介護の項目で、気をつけるべき事柄について簡単に話せるようになることを目指しています。手順は、Aと同様です。ここでは、介護の知識を問うのではなく、自分が知っていること、考えていることを話すことを学びます。その後、音声を聞いて「なるほど、そういうこともあるんだ」と新たな角度から学ぶことができます。

C

利用者さんへの「声かけ」です。どんな声かけをしたらいいかを考え、次に音声を聞いてみます。

教科書では、各課とも１ページ目に「パートⅠのタスク」があり、ページをめくると、「パートⅠの種明かし」が出てきます。まず「チャレンジ！」で話してみて、音声を聞いて、必要に応じて「スクリプト」を見るという構成です。

パートⅡ

ロールプレイが2つあります。パートⅠは「声かけ」でしたが、ここでは難易度を上げ、Dで利用者さんとのやり取り、Eで介護スタッフとのやり取り（15課は、利用者さんの家族とのやり取り）を学びます。これも、まずチャレンジしてから、音声を聞いて確認し、必要に応じてスクリプトを使用しながら進めます。

会話には「唯一の正解」があるわけではなく、音声で流れる会話も一つの例でしかありません。その中で、ぜひ覚えたいことばや表現を取り上げ、学習者のニーズや状況に合わせて進めてください。

パートⅢ

F

介護の大切な業務の一つである「申し送り」の基礎づくりを目指します。まずはスタッフが言っていることを適切に聞き取ることが求められますので、ここでは「聞き取ること」を大切にしました。

・メモを取りながら、申し送りの音声を聞く。
・自分が取ったメモを見ながら「申し送り」をする。
・スクリプト（次のページ）を見て、確認する。

G

パートⅠのBのように単に「仕事をするときに気をつけること」ではなく、全体的なこと、広い視野に立って考えるべきことなどについて述べる課題です。また、注意すべきことだけではなく、より良い取り組みのための工夫などについて聞いている課もあります。手順は、パートⅠのBと同様です。

ことばのページ

ことばは、何度も違う場面・状況で出てくることで、定着していきます。また、文脈で覚えることも大切です。そこで、本教材では同じ課でも形を変えて、繰り返し出てくるように工夫しました。「覚えておきたい〇〇のことば」「介護の基本」「知ってる？〇〇」の3つに分類しました。

ここに出てくることばを、その課ですべて覚える必要はありません。学習者の状況に合わせて学習するようにしてください。「理解語彙・表現（わかればいいことば・表現）」と「使用語彙・表現（使えるようになる必要があることば・表現）」にも目を向けてください。

このページでは、利用者さんや介護スタッフ同士の会話を豊かなものにするために、役に立つことも大切にして作成しました。楽しみながら、時には「そうだ、あそこにあったな」と思い出し、辞書のように使うのもいいと思います。

チェックシート

「最後にチェックしてみよう！」として、その課のCan-do-statementsが載っています。学習者にとって、この課を学ぶことで、「何ができるようになったのか」を知り、学習目標を学習者と教師が共有することは重要です。

2）楽しい読み物

日本文化・日本事情などを楽しく学ぶことを目的としています。知っていると、利用者さんへの寄り添いに役立つこともありますし、日本人・日本社会への理解が深まります。ある答えを知るとか、知識として覚えるということではなく、そこから自分自身でさらに調べてみたり、他の方々との会話の中で学んでいったりする「きっかけ作り」を目指しました。

2. ちょっと特殊な進め方

本教材は、基本的な日本語学習が終わり、中級に進む段階の方を対象として作成しました。しかし、日本語力がそこに達していない学習者の場合でも、15課すべての「パートⅠ」を終え、次に「パートⅡ」、最後に「パートⅢ」というやり方をすることで、スムーズに進めることができます。また、「パートⅠとパートⅡ」をまとめて学び、最後に「パートⅢ」をまとめて行うという方法もあります。

また、すでに中級は終了し、上級レベルにある学習者の場合は、提示されている介護の場面・状況を活用して、さらに詳しく意見を述べたり、難易度を上げたロールプレイを実施するなど、学習者の日本語力に合わせて、ご自由にお使いください。

3. 音声

アルクダウンロードセンターより無料でダウンロードすることができます。5ページをご覧ください。

4. 会話試験JOPTの活用

JOPTは、４つの領域（A＝アカデミック　B＝ビジネス　C＝コミュニティ　K＝介護）に分かれた、15分でできる会話試験です。

本教材を使う前、また終了時に「JOPT-K」を実施すると、より的確に日本語力を知ることができます。

JOPT運用サイト
https://jopt-team.org/

5. 補助教材・教え方のヒントなど

補助教材、教え方のヒント、実践例、「楽しい読み物」の答えなどは、以下のサイトにアップしていきます。このサイトを通して、ユーザーの方々とさまざまな「対話」を重ねていきたいと思っています。また、ご質問がある場合は、サイトの「お問い合わせ」からご連絡ください。

アクラス日本語教育研究所〈介護の日本語〉
https://acras-new.jp/?page_id=163

人とつながる介護の日本語

本文

イントロダクション

＊テキストを勉強する前に、まずはこのイントロダクションを読んでください。次に第1課をやってください。2～15課は順番通りにやる必要はありません。

＊介護に関するテーマ、介護の現場での仕事について、日本語で「日本の介護」を楽しみながら学ぶことが、このテキストの目的です。

＊このテキストには、利用者さんや同僚や先輩との「おしゃべりのタネ」としての話題がたくさんあります。どうぞ話のきっかけにしてください。

＊質問やクイズがあっても「答え」が書かれていないところがあります。それは、利用者さんや同僚や先輩と対話をしたり、インターネットで調べたりして自分で探してください。

場所 さくらホーム

グエンさんが今日から働く介護施設

介護スタッフ

さくらホームではさまざまなスタッフが働いています。

グエンさん

ベトナム出身
24歳
介護歴：１年
新入社員
専門学校時代、介護施設でアルバイト

アグスさん

インドネシア出身
28歳
介護歴：３年
EPAで来日

リンさん

中国出身
30歳
介護歴：５年
夫は日本人
日本滞在７年

木村さん

日本人
45歳
介護歴：15年
チームのリーダー

利用者さん

さくらホームでは年齢・性格・障害の程度の違うさまざまな利用者さんが生活しています。

春田さん

77歳
障害なし
明るく楽しい人
趣味：茶道
出身：大阪

夏川さん

80歳
障害なし
少々がんこな人
趣味：俳句
出身：北海道

秋本さん

88歳
車いす使用
おとなしく、静かな人
趣味：書道
出身：東京
※ときどき自宅に外泊

冬山さん

90歳
杖・歩行器
少々怒りっぽい
趣味：カラオケ
出身：秋田
※認知症あり

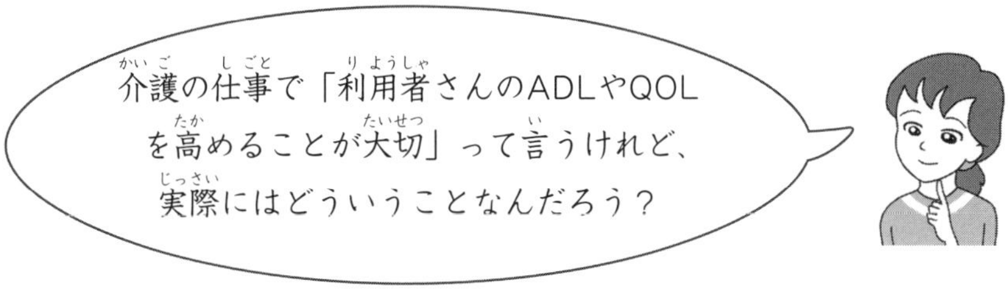

介護の仕事で「利用者さんのADLやQOLを高めることが大切」って言うけれど、実際にはどういうことなんだろう？

がんばるぞ！

第1課 新たな一歩

新しい職場に行ったら、介護スタッフや利用者さんにあいさつをして、みんなの顔と名前を覚えましょう。

パートⅠ

チャレンジ！

A 1 イラストを見て、わかることを話してください。

2 イラストを見ながら、音声を聞いてみましょう。 1_1

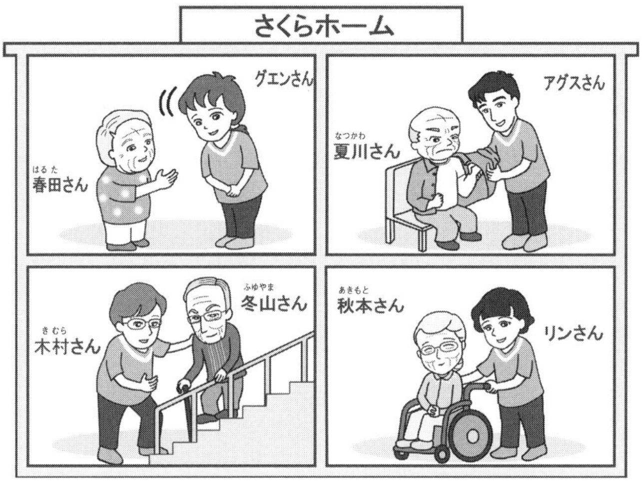

B 1 新しい職場（介護施設）に行ったとき、どんなことに気をつけたらいいですか。

2 どのように言っているか、音声を聞いてみましょう。 1_2

C 1 職場で利用者さんに**声かけ**をしてください。

（1）初めて会った利用者さん

（2）すでに会ったことのある利用者さん

2 どのように言っているか、音声を聞いてみましょう。 1_3

スクリプト

A 1_1

グエンさんは、昨日から「さくらホーム」で働き始めました。グエンさんは、利用者の春田さんにあいさつをしています。アグスさんは、夏川さんの着替えを手伝っています。リンさんは、秋本さんの車いすを押しています。そして、木村さんは、杖で歩いている冬山さんをサポートしています。

B 1_2

どんな人に対しても、笑顔で、ていねいにあいさつをすることが大切です。すぐに全員の顔と名前は覚えられませんが、できるだけ早く覚えるように努力します。介護の仕事はチームワークなので、「ホウレンソウ（報告・連絡・相談）」を大切にします。また、わからないときは、きちんと聞き返します。

C 1_3

(1) 初めて会った利用者さん

はじめまして。グエンと申します。昨日からさくらホームで働いています。どうぞよろしくお願いします。

(2) すでに会ったことのある利用者さん

おはようございます。今日は、いい天気ですね。昨日は、よく眠れましたか。

ことば

新たな　一歩　職場　介護スタッフ　利用者
イラスト　音声　介護施設　声かけ

A 着替え　車いす　杖　サポート

B 全員　努力　チームワーク　ホウレンソウ
報告　連絡　相談　聞き返す

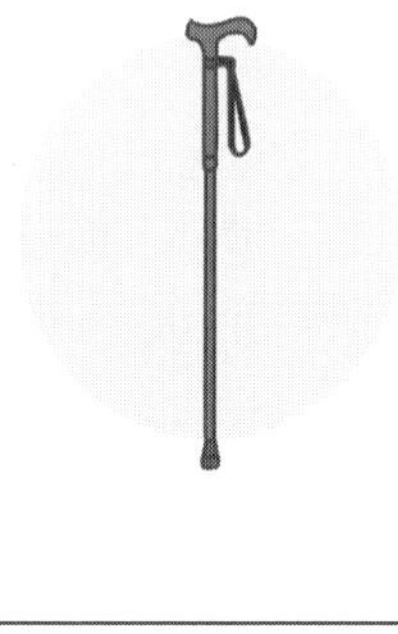

パートⅡ

ロールプレイ

D 利用者さんとのやり取り

秋本さんに、車いすで散歩に連れて行ってほしいと言われました。まださくらホームに入ったばかりなので、一人で散歩に連れて行けません。ていねいに断ってください。

グエンさん

グエンさんと話したいと思っています。散歩に一緒に行きたいと頼んでください。

秋本さん

ロールプレイの音声を聞いてみましょう。 1_4

E 介護スタッフとのやり取り

スタッフの勉強会をしたいと思っています。そこで、木村さんに講師を頼んでください。

アグスさん

アグスさんから、勉強会の講師を頼まれましたが、講師をする自信がありません。できれば断りたいと思っています。

木村さん

ロールプレイの音声を聞いてみましょう。 1_5

スクリプト

D 1_4

秋本　：グエンさん、おはよう。

グエン：あ、秋本さん、おはようございます。今日はとても暖かいですね。

秋本　：そうね。あのぅ、公園まで散歩に連れていってもらえませんか。

グエン：あ、すみません。私は、まだホームに入ったばかりなので、それはできないんです。本当はご一緒したいんですが……。

秋本　：でも、グエンさんといろいろ話したいと思っているんだけど。

グエン：ありがとうございます。私もぜひ秋本さんとお話したいです。あっ、おやつの時間にいろいろ話しませんか。

秋本　：そうね。そうしましょ。

グエン：楽しみにしています。

E 1_5

アグス：木村さん、ちょっと相談したいことがあるんですが、今よろしいでしょうか。

木村　：あ、アグスさん、何？

アグス：あのぅ、来月の15日に、勉強会を予定しています。ぜひ木村さんに講師をお願いしたいと思っているんですが……。

木村　：えっ、私が講師？　それはちょっと……。

アグス：木村さんは、経験も長いし、利用者さんの話を聞くのも、とても上手なので、ぜひお願いします。

木村　：そうねぇ。実践例を話して、みんなで考えるスタイルだったらいいかなぁ。

アグス：はい、ぜひ実践例を紹介してください。よろしくお願いします！

木村　：うん、わかった。みなさんのお役に立てるんだったら、やりましょう。

アグス：よろしくお願いします。

ことば

勉強会　講師

D　おやつの時間

E　実践

パートⅢ

申し送り

F 1 ミーティングでの申し送りを、メモを取りながら聞いてください。 1_6

※申し送り＝次の時間帯のスタッフに、利用者さんの様子やヒヤリハットなどを伝えること。

2 1で聞いた申し送りについて、メモを見ながら話す練習をしてください。

3 どのように言っているか、もう一度聞いてみましょう。 1_6

G 1 ミーティングで申し送りをするときに、注意すべき点について話してください。

2 どのように言っているか、音声を聞いてみましょう。 1_7

スクリプト

F 1_6

春田さんの昨夜の睡眠時間についての報告です。12時ごろ、見回りに行ったら、目を開けていました。ずっと眠れなかったそうです。息子さんの風邪が心配だと言っていました。しばらく話を聞いていたら、落ち着いてきて、「もう寝る」と言いました。でも、起床は平常通りなので、昨夜の睡眠時間は、とても短いです。今日、ちょっと気をつけておいてください。

G 1_7

申し送りでは、利用者さんの様子・状態や仕事の引継ぎを正確に伝えることが大切です。自分の考えと、事実とを分けて伝えなければなりません。わかりやすく話すためには、ポイントを押さえて話すこと、伝えたいことを最初に言うことが大切です。意見を言うときには、「わたしの意見ですが」などと、ひと言付け加えると、聞き手は理解しやすくなります。

ことば

申し送り　時間帯　様子　ヒヤリハット　メモ　ミーティング
注意すべき点

F 昨夜　睡眠時間　見回り　落ち着いて　起床　平常通り

G 状態　引継ぎ　正確に　事実　ポイントを押さえる
理解する

覚えておきたい「よく聞かれること」

どうして介護の道に？

いろいろな自己紹介がありますが、利用者さんや介護施設の同僚や先輩に、「介護の仕事に入った理由・介護の仕事に関心を持ったきっかけ」などを聞かれることもあります。

国では、祖母と一緒に住んでいました。祖母は足が悪くて、車いすの生活でした。それで、「ああ、もっとうまく世話ができるようになりたい！」と思って、介護に関心を持つようになりました。

十二支

日本人は、「私はいぬ年です」「今年は、とら年ですね」などと、よく干支を話題にします。干支の「日本語」を調べておくといいですね。
次の会話を聞いてください。

木村　：グエンさんは、今、何歳ですか。
グエン：24歳です。
木村　：じゃあ、「うさぎ年」ね。
グエン：はい。でもベトナムでは「ねこ年」です。
木村　：えっ？　ベトナムには「ねこ年」があるの。
グエン：はい。

ベトナムでは「うさぎ」が「ねこ」なのか。あとは何が違うんだろう？

最後にチェックしてみよう！

◎とてもよくできる　○できる　△もう少し練習が必要　×できない

【パートⅠ】

		できること
A		介護施設のスタッフについて簡単に話すことができる。
B		新しい職場で仕事を始めるとき、気をつけることについて話すことができる。
C		職場で利用者さんに声かけをすることができる。

【パートⅡ】　ロールプレイ

		できること
D		利用者さんの依頼をていねいに断ることができる。
E		リーダーに勉強会の講師を頼むことができる。

【パートⅢ】

		できること
F		利用者さんの睡眠時間について、申し送りを聞くことができる。
		利用者さんの睡眠時間について、申し送りをすることができる。
G		申し送りをするときに、注意すべき点について話すことができる。

第2課 朝の整容

朝起きたら、顔を洗ったり、歯をみがいたり、髪をとかしたりします。身だしなみを整えて、気持ちよく一日を始めましょう。

パートⅠ

チャレンジ！

A **1** イラストを見て、わかることを話してください。

2 イラストを見ながら、音声を聞いてみましょう。 🔊 2_1

B **1** 利用者さんに整髪をしてほしいと頼まれたとき、どんなことに気をつけたらいいですか。

2 どのように言っているか、音声を聞いてみましょう。 🔊 2_2

C **1** 利用者さんに声かけをしてください。

(1) 朝、目を覚ましたとき

(2) 整髪が終わって、鏡を渡すとき

2 どのように言っているか、音声を聞いてみましょう。 🔊 2_3

スクリプト

A 2_1

グエンさんは、秋本さんの長い髪をとかしています。今日の午後、家族がひさしぶりに会いに来ることになっています。それで、「髪を『お団子ヘア』にしませんか」と、秋本さんに言っています。でも、秋本さんは、「いやいや」と手を振っています。「一本の三つ編み」にしたいようです。

B 2_2

自分でできる人には、自分でするように言います。それでもやってほしいという場合は、手伝います。痛くないように、髪の根元を押さえて、ブラシでとかします。ただとかすだけではなく、髪の形もときどき変えるといいでしょう。とかし終わったら、鏡で利用者さんに「自分の髪」を見てもらうことも大切です。

C 2_3

(1) 朝、目を覚ましたとき

○○さん、おはようございます。昨日はよくお休みになれましたか。

(2) 整髪が終わって、鏡をわたすとき

はい、終わりました。どうぞ鏡でごらんください。いかがですか。

ことば

整容　髪をとかす　身だしなみ　整える　整髪

鏡　ひさしぶりに

A　お団子ヘア　振る　三つ編み

B　根元を押さえる

パートⅡ

ロールプレイ

D 利用者さんとのやり取り

グエンさん

夏川さんは、かなり爪が伸びてきましたが、「爪は切りたくない」と言っています。爪を切るように言ってください。

かなり爪が伸びてきました。グエンさんが爪を切ったほうがいいと言いますが、切りたくありません。

夏川さん

ロールプレイの音声を聞いてみましょう。 2_4

E 介護スタッフとのやり取り

リンさん

さくらホームでは美容師さんが来るのは、１か月に１回です。月に２回にしてはどうか、木村さんと話し合ってください。

リンさんから、美容師さんが月に２回来るようにしてはどうかという話がありました。話し合ってください。

木村さん

ロールプレイの音声を聞いてみましょう。 2_5

スクリプト

D 2_4

グエン：夏川さん、ずいぶん爪が伸びてきましたね。そろそろ切りましょうか。
夏川　：爪は切りたくない。
グエン：そうですか。でも、切ったら、すっきりしますよ。
夏川　：めんどうだよ。
グエン：あっ、そうそう。新しい爪切りがあるんですよ。とてもよく切れるんです。使ってみませんか。
夏川　：いいね。
グエン：じゃあ、今取ってきますね。ちょっと待っててください。
夏川　：うん。よろしく。

E 2_5

リン　：木村さん、ちょっとご相談したいことがあるんですが……。
木村　：あ、リンさん。何？
リン　：あのぅ、うちでは美容師さん、月に１回だけですよね。利用者さんの数を考えると、増やしたほうがいいと思うんですけど……。
木村　：たしかにそうね。でも、費用のことを考えると、無理ね。
リン　：でも、みなさんに喜んでもらえると思いますし……。
木村　：それはわかるけど、すぐに月２回にするのは難しいなぁ。
リン　：あのぅ、まずは利用者さんの声を聞いてみてはどうですか。
木村　：じゃあ、そうしましょう。
リン　：よろしくお願いします。

ことば

爪が伸びる　美容師

D　すっきりする　めんどうだ　爪切り

E　増やす　費用　喜ぶ　利用者さんの声

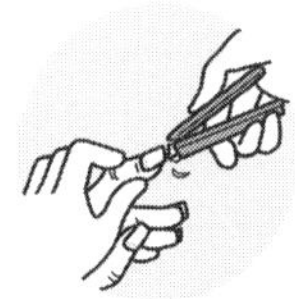

パートⅢ

申し送り

F 1 ミーティングでの申し送りを、メモを取りながら聞いてください。 2_6

2 1で聞いた申し送りについて、メモを見ながら話す練習をしてください。

3 どのように言っているか、もう一度聞いてみましょう。 2_6

G 1 利用者さんにとって、どうして整容が大切かについて話してください。

2 どのように言っているか、音声を聞いてみましょう。 2_7

スクリプト

F 2_6

夏川さんの右目の充血についての報告です。今朝、洗顔が終わって、タオルを渡そうとしたとき、右目が充血していました。昨日寝るときは、特に変わったことはありませんでした。「痛くないか」と聞いたところ、「少し痛い」とのことでした。手で触らないように言っておきましたが、できるだけ早く看護師に連絡してください。

G 2_7

顔を洗う、歯をみがくといったことは、からだを清潔に保つために大切です。しかし、整容には、清潔にするだけではなく、利用者さんの気持ちを前向きにする力があります。また、自分の身だしなみを確認する理解力や、汚れを気にしてきれいにすることができる判断力などをチェックすることもできます。朝の整容は「一日の始まり」として生活のリズムを整える意味もあります。

ことば

F 充血　洗顔　看護師

G 清潔に保つ　前向きにする　理解力　汚れ　判断力
始まり　リズム

覚えておきたい「顔のことば」

顔に関係したことば

★違う言い方も覚えましょう！

額＝おでこ

春田：あ、痛い！　<u>おでこ</u>をぶつけちゃった。
グエン：大丈夫ですか。赤くなってますね。

頬＝ほっぺた

冬山：このケーキ、<u>ほっぺた</u>が落ちるほどおいしいね。
アグス：私も、このケーキ大好物なんです。

ひげをそる

木村：新しい電気かみそり（電気シェーバー）は、どうですか。
夏川：使いやすくていいね。

耳そうじをする

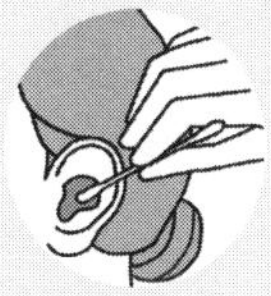

リン：「耳そうじは、お風呂あがりが一番いいですね。」
秋本：「そうね。綿棒を取ってちょうだい。」

冬山さんが**「こめかみが痛い」**って
言ってたけど、どうして
「こめかみ」っていうんだろう？

■■ 最後にチェックしてみよう！

（さいご）

◎とてもよくできる　　○できる　　△もう少し練習が必要　　×できない
（すこ）（れんしゅう）（ひつよう）

【パートⅠ】

		できること
A		整髪について話すことができる。（せいはつ）（はな）
B		整髪を手伝うとき、気をつけることについて話すことができる。（せいはつ）（てつだ）（き）（はな）
C		利用者さんが目を覚ましたとき、また整髪が終わって鏡を渡すとき、利用者さんに声かけをすることができる。（りようしゃ）（め）（さ）（せいはつ）（お）（かがみ）（わた）（りようしゃ）（こえ）

【パートⅡ】　ロールプレイ

		できること
D		爪を切ることを嫌がる利用者さんに対応することができる。（つめ）（き）（いや）（りようしゃ）（たいおう）
E		美容師さんが来る回数についてリーダーと話し合うことができる。（びようし）（く）（かいすう）（はな）（あ）

【パートⅢ】

		できること
F		朝の整容で、目の状態の変化に関する申し送りを聞くことができる。（あさ）（せいよう）（め）（じょうたい）（へんか）（かん）（もう）（おく）（き）
		朝の整容で、目の状態の変化に関して申し送りをすることができる。（あさ）（せいよう）（め）（じょうたい）（へんか）（かん）（もう）（おく）
G		整容の大切さについて話すことができる。（せいよう）（たいせつ）（はな）

第3課 口腔ケア

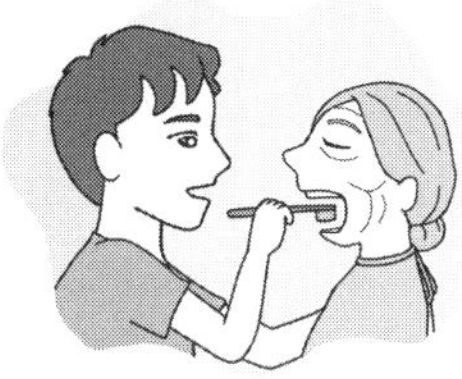

ごはんを食べたら、歯をみがきましょう。口の中をきれいにしておくことで、気分がさわやかになり、病気も予防できます。

パートI

チャレンジ！

A 1 イラストを見て、わかることを話してください。

2 イラストを見ながら、音声を聞いてみましょう。 3_1

B 1 利用者さんの入れ歯のケアをするとき、どんなことに気をつけたらいいですか。

2 どのように言っているか、音声を聞いてみましょう。 3_2

C 1 利用者さんに声かけをしてください。

(1) 歯をみがくとき

(2) 入れ歯を洗うとき

2 どのように言っているか、音声を聞いてみましょう。 3_3

スクリプト

A 3_1

今、８時30分です。朝ごはんが終わりました。秋本さんは、まず入れ歯を外して、リンさんに歯をみがいてもらっています。入れ歯は、アグスさんがていねいにブラシを使って洗っています。落とすと割れることがあるので、下に水を入れた洗面器を置いて洗っています。

B 3_2

入れ歯は、食事のあとに洗います。毎回、外してきれいに洗います。うっかり排水口に流さないように、下に水を入れた洗面器を置くといいでしょう。夜は、人によってはつけたままのこともありますが、ふつうは入れ歯を外します。外した入れ歯は、入れ歯ケースにしまいます。

C 3_3

(1) 歯をみがくとき

お食事が終わったので、歯をみがきましょう。今日のご飯はおいしかったですか。

(2) 入れ歯を洗うとき

これから入れ歯を洗いましょう。じゃあ、ちょっと入れ歯を外しますね。

ことば

口腔ケア　気分　さわやか　予防　入れ歯

A 外す　洗面器　入れ歯ケース

B うっかり　排水口

パートⅡ

ロールプレイ

D 利用者さんとのやり取り

リンさん

歯をみがきたくないという夏川さんに、理由を確認してください。

リンさんが「ご飯のあと、歯をみがくように」と言っています。でも、夏川さんは歯をみがきたくありません。

夏川さん

ロールプレイの音声を聞いてみましょう。 3_4

E 介護スタッフとのやり取り

グエンさん

来週の土曜日、口腔ケアのセミナーがあるので、一緒に参加しようとアグスさんに誘われました。でも、まださくらホームで働き始めたばかりなので、今は行きたくありません。

来週の土曜日、口腔ケアのセミナーがあるので、参加しようと思っています。新人のグエンさんに役に立つと思うので誘ってください。

アグスさん

ロールプレイの音声を聞いてみましょう。 3_5

スクリプト

D 3_4

リン　：夏川さん、今日のご飯はおいしかったですか。
夏川　：うん。魚がうまかったね。
リン　：じゃあ、これから歯をみがきましょう。
夏川　：歯はみがきたくない。
リン　：どうして歯をみがきたくないんでしょうか。何か……。
夏川　：口の中がちょっと痛くてね。
リン　：そうですか。じゃあ、この歯ブラシはどうですか。柔らかくて、気持ちがいいですよ。
夏川　：ああ、良さそうだね。ちょっとみがいてみよう。

E 3_5

グエン：アグスさん、おはようございます。
アグス：あ、グエンさん、おはよう。今、ちょっと時間いい？
グエン：はい、何でしょうか。
アグス：今度の土曜日、口腔ケアのセミナーがあるんだけど、一緒に行かない？前に参加したリンさんは、「すごく役に立つセミナーだった」って言ってたよ。
グエン：そうなんですね。でも、私はこのホームに入ったばかりだし、もっと仕事に慣れてからのほうがいいと思うんですけど……。
アグス：いやいや大丈夫。いろいろ事例をあげて説明してくれるらしいから、きっと役に立つと思うよ。
グエン：いいですね。でも、もう少し仕事に慣れてから参加したいと思います。また、ぜひ誘ってください。
アグス：わかった。じゃあ、また今度誘うね。

ことば

セミナー　新人

D 歯ブラシ

E 事例

パートⅢ

申し送り

F 1 ミーティングでの申し送りを、メモを取りながら聞いてください。 3_6

2 1で聞いた申し送りについて、メモを見ながら話す練習をしてください。

3 どのように言っているか、もう一度聞いてみましょう。 3_6

G 1 利用者さんにとって、どうして口腔ケアが大切かについて話してください。

2 どのように言っているか、音声を聞いてみましょう。 3_7

スクリプト

F 3_6

本日の報告です。秋本さんの入れ歯のひびについての連絡です。昼食後、秋本さんに入れ歯を外してもらって、洗っていたとき、近くにいた夏川さんが転びそうになったので、支えました。そのとき、ブラシで洗っていた秋本さんの入れ歯を落としたので、ひびが入ってしまいました。明日、歯医者に持っていって、直してもらう予定です。申し訳ありません。今後気をつけます。

G 3_7

口腔の機能が落ちると、かむことが十分できなくなり、食べることにも問題が出てきます。かむことは認知症の予防にもなると言われているので、口腔ケアはとても重要です。また、口臭がある人は、それが気になって人と話す機会が減ることがあります。口の中をきれいにすることは、いろいろな病気を防ぐことにもつながります。

ことば

F ひび　昼食　支える

G 機能　認知症　重要だ　口臭　防ぐ

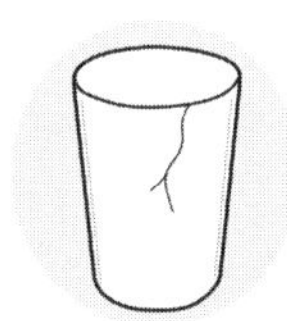

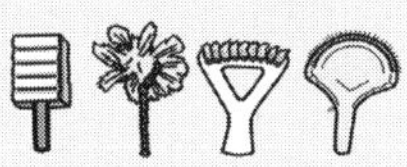

知ってる？「口腔ケアのことば」

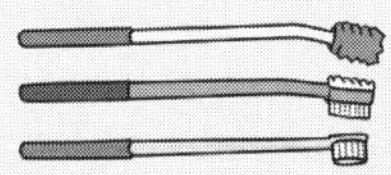

「パタカラ体操」で口腔をきたえる！

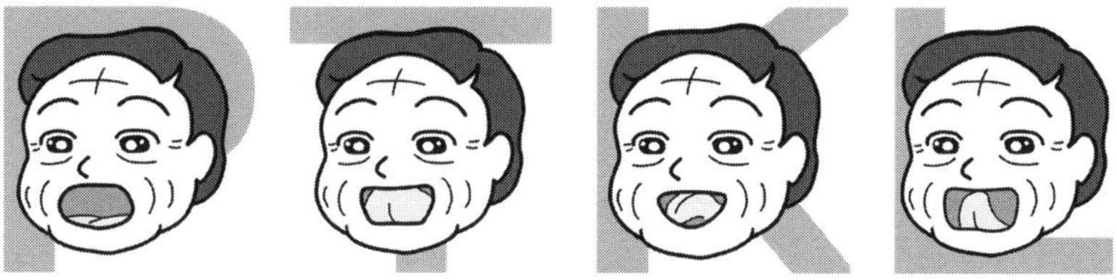

しっかり口を閉じて「ぱっ！」	舌を上あごにつけて「たっ！」	のどの奥から「かっ！」	舌の先を上あごにつけて「らっ！」

「10回続けて言える？」
「どっちが早く言える？」

介護の3つのことば

- ＊ 含嗽
- ＊ うがい
- ＊ ガラガラペー

利用者さんと一緒に「早口ことば」を楽しみましょう！

（1）隣の客は　よく柿食う客だ（となりのきゃくは　よくかきくう きゃくだ）

（2）赤パジャマ　黄パジャマ　茶パジャマ(あかパジャマ　きパジャマ　ちゃパジャマ)

（3）東京特許許可局（とうきょう とっきょ きょかきょく）

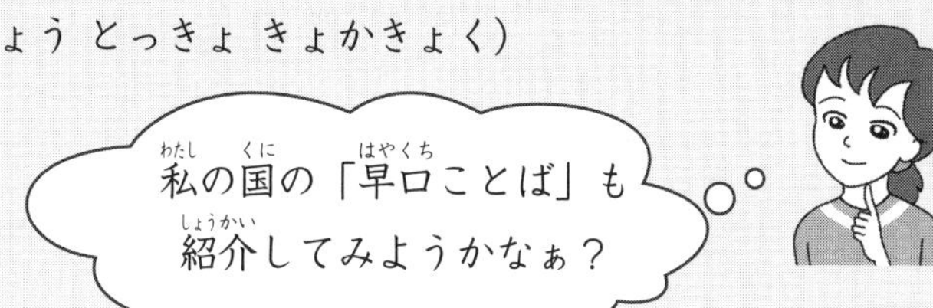

私の国の「早口ことば」も紹介してみようかなぁ？

■■ 最後(さいご)にチェックしてみよう！

◎とてもよくできる　　○できる　　△もう少(すこ)し練習(れんしゅう)が必要(ひつよう)　　×できない

【パートⅠ】

		できること
A		歯(は)みがきについて話(はな)すことができる。
B		利用者(りょうしゃ)さんの入(い)れ歯(ば)のケアをするとき、気(き)をつけることについて話(はな)すことができる。
C		歯(は)をみがくときや入(い)れ歯(ば)を洗(あら)うときに、利用者(りょうしゃ)さんに声(こえ)かけをすることができる。

【パートⅡ】　ロールプレイ

		できること
D		歯(は)みがきを嫌(いや)がる利用者(りょうしゃ)さんに対応(たいおう)することができる。
E		先輩(せんぱい)からのセミナー参加(さんか)の誘(さそ)いにていねいに対応(たいおう)することができる。

【パートⅢ】

		できること
F		入(い)れ歯(ば)のひびに関(かん)する申(もう)し送(おく)りを聞(き)くことができる。
		入(い)れ歯(ば)のひびに関(かん)する申(もう)し送(おく)りをすることができる。
G		口腔(こうくう)ケアの大切(たいせつ)さについて話(はな)すことができる。

第4課 （だいよんか） 衣服着脱 （いふくちゃくだつ）

服（ふく）を着替（きが）えることは規則的（きそくてき）な生活（せいかつ）につながります。利用者（りようしゃ）さんのことを考（かんが）え、着脱（ちゃくだつ）の順番（じゅんばん）に気（き）をつけるようにしましょう。

■■ パートⅠ

チャレンジ！

A 1 イラストを見（み）て、わかることを話（はな）してください。
2 イラストを見（み）ながら、音声（おんせい）を聞（き）いてみましょう。 🔊 4_1

B 1 利用者（りようしゃ）さんの着替（きが）えを手伝（てつだ）うとき、どんなことに気（き）をつけたらいいですか。
2 どのように言（い）っているか、音声（おんせい）を聞（き）いてみましょう。 🔊 4_2

C 1 利用者（りようしゃ）さんに声（こえ）かけをしてください。
　　（1）着（き）るものを選（えら）ぶとき
　　（2）着替（きが）えを始（はじ）めるとき
2 どのように言（い）っているか、音声（おんせい）を聞（き）いてみましょう。 🔊 4_3

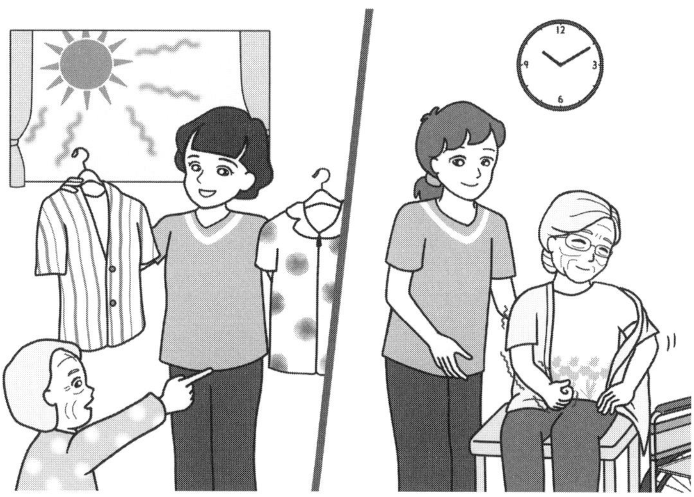

スクリプト

A 4_1

リンさんは、春田さんの部屋で服を選ぶ手伝いをしています。今日は、とてもいい天気で、暑そうです。春田さんは散歩に行くために、どの服にしようか考えています。秋本さんは、グエンさんに見てもらって、自分で洋服を着ようとしています。右手が良くないので、着るときは右袖から腕を通しています。グエンさんは、いつでもサポートできるように、秋本さんの右側に立って見守っています。

B 4_2

着替えをするときには寒くないように、部屋の温度に気をつけます。だいたい22度から25度が適温です。また、着替えているときに、転んだりしないように注意しましょう。でも、危ないからといって介護スタッフがすぐに手伝うのではなく、できるだけ利用者さんに自分でしてもらうようにすることが大切です。そして、動作ごとに声かけをするといいと思います。

C 4_3

(1) 着るものを選ぶとき

今日は、どの服にしましょうか。今日は、とても暑いですよ。

(2) 服を脱ぐ手伝いをするとき

汗をかきましたね。着替えをしましょうか。さっぱりしますよ。

ことば

衣服着脱　規則的　つながる　順番

B 適温　動作

C 汗をかく　さっぱりする

パートⅡ

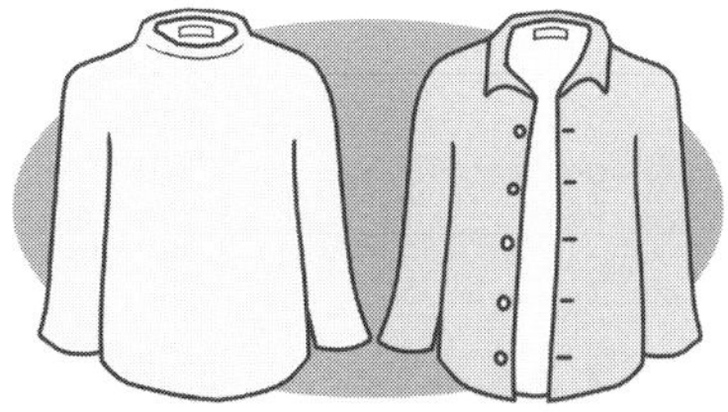

かぶる服　　前あきの服

ロールプレイ

D 利用者さんとのやり取り

グエンさん

春田さんは通販カタログで服を選んでいます。春田さんは、最近肩を痛めたので、「かぶる服」ではなく、「前あきの服」を勧めてください。

春田さんは、「前あきの服」が嫌いです。また「かぶる服」を注文したいと思っています。

春田さん

ロールプレイの音声を聞いてみましょう。 4_4

E 介護スタッフとのやり取り

アグスさん

春田さんからホームで洋服の「出張販売」をしてほしいと言われました。木村さんに相談してください。

アグスさんから、「出張販売」の話を聞きました。アグスさんと話し合ってください。

木村さん

「ロールプレイの音声」を聞いてみましょう。 4_5

スクリプト

D 4_4

グエン：春田さん、お洋服を注文なさるんですか。いいですね。
春田　：うん。これがいいと思ってるんだけど……。
グエン：これ、頭からかぶる服ですね。すてきなデザインですね。でも、前あきの服も着替えが楽ですよ。
春田　：前あきの服は、ボタンをかけるのもめんどうだし、おしゃれじゃないし。
グエン：そうですね。春田さんはいつもおしゃれで、すてきですね。あ、これを見てください。前あきですけど、ボタンが大きいですよ。
春田　：そうね。色もデザインもいいわね。
グエン：ほんと、そうですね！　春田さんに似合うと思いますよ。
春田　：わかった、これにしましょう。

E 4_5

アグス：木村さん、今、ちょっとお時間よろしいでしょうか。
木村　：ああ、どうぞ。
アグス：春田さんですが、ホームで洋服が買いたいそうです。それで出張販売をしてほしいと言っています。
木村　：そう。でも、出張販売は準備が大変じゃない？
アグス：でも、業者の人に頼んだら、大丈夫だと思います。私でよければ、担当させていただきます。
木村　：えっ、アグスさんがやってくれるの？　それはありがたい。じゃあ、ちょっと施設長と話し合ってみるね。
アグス：よろしくお願いします。

ことば

通販カタログ　痛める　かぶる服　前あきの服　出張販売

D　楽だ　めんどうだ　似合う

E　業者　担当する　施設長

パートⅢ

申し送り

F 1 ミーティングでの申し送りを、メモを取りながら聞いてください。 4_6

2 1で聞いた申し送りについて、メモを見ながら言ってみてください。

3 どのように言っているか、もう一度聞いてみましょう。 4_6

G 1 介護施設では、できるだけ利用者さんの着替えに時間がかからないようにしたいと思っています。どんな工夫ができるか話してください。

2 どのように言っているか、音声を聞いてみましょう。 4_7

スクリプト

F 4_6

本日の夏川さんの衣服着脱の報告です。ズボンをはくときは、座ってはくようにいつも言っていますが、今日は立ったままはこうとして、倒れそうになりました。ひじを壁にぶつけて、赤くなってしまいました。私は、洗濯物を引き出しに入れていて、気がつきませんでした。今後気をつけます。

G 4_7

前あきで、全体的にゆったりとした服にすると、着替えのとき、利用者さんにとって楽になります。ズボンやスカートは、ウエストがゴムになっているものが、はきやすいです。上着もズボンも、伸縮性のあるものがいいです。また、ボタンが苦手な人には、マジックテープを使った服もいいですね。それから、着替えをする前に、利用者さんにちょっとからだを動かしてもらうと、よりスムーズにできます。

ことば

工夫

F ひじ　ぶつける　洗濯物

G 全体的に　ゆったりとした　ウエスト　ゴム　伸縮性　マジックテープ　スムーズ

覚えておきたい「衣服のことば」

会話を楽しみながら、ことばを覚えましょう！

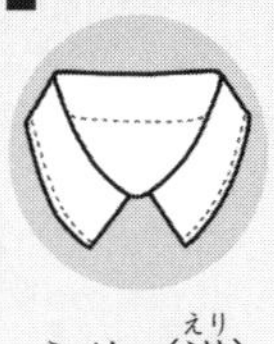

えり（襟）

グエン：今日は、ちょっと風が冷たいですね。えりを立てたら、暖かいですよ。

春田　：うわぁ、本当。あったか〜い！

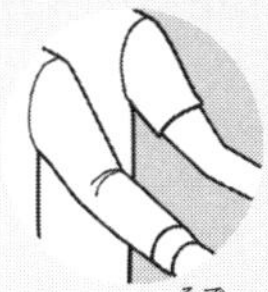

そで（袖）

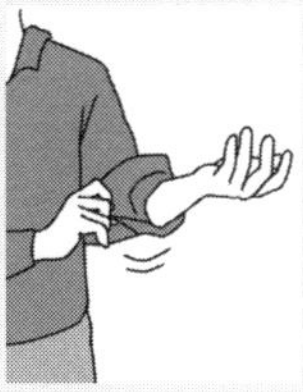

アグス：ぬれるといけないから、そでをまくりましょうか。

夏川　：そうだね。じゃあ、自分でまくるよ。

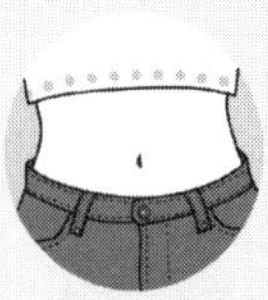

ウエスト

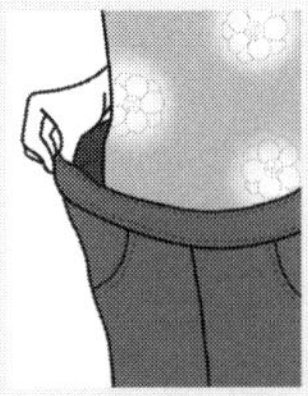

リン　：そのズボン、ちょっとウエストがゆるすぎませんか。

秋本　：そうねぇ。あとで少し詰めてくれませんか。

いろいろな柄の名前を覚えましょう！

ストライプ（たてじま）
ボーダー（よこじま）

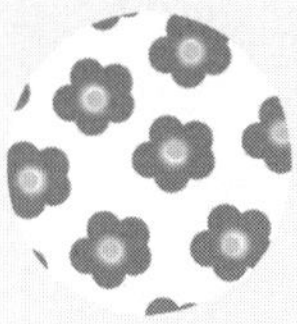

花柄

チェック

ドット（水玉模様）

和柄：市松模様

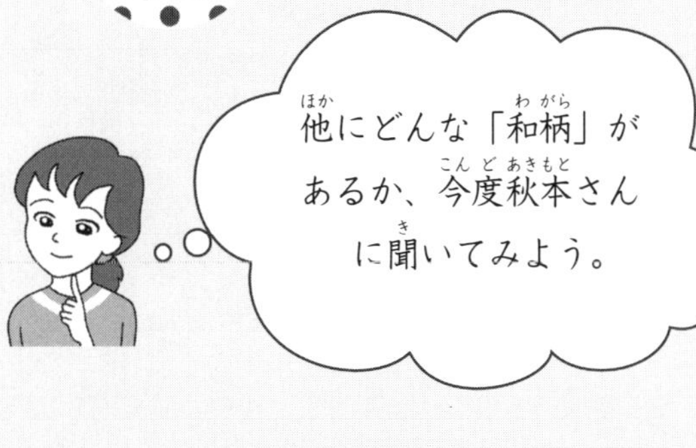

他にどんな「和柄」があるか、今度秋本さんに聞いてみよう。

■■ 最後(さいご)にチェックしてみよう！

◎とてもよくできる　〇できる　△もう少(すこ)し練習(れんしゅう)が必要(ひつよう)　×できない

【パートⅠ】

		できること
A		着替(きが)えの場面(ばめん)について話(はな)すことができる。
B		着替(きが)えを手伝(てつだ)うとき、気をつけることについて話(はな)すことができる。
C		着(き)るものを選(えら)ぶときや着替(きが)えを始(はじ)めるとき、利用者(りようしゃ)さんに声(こえ)かけをすることができる。

【パートⅡ】　ロールプレイ

		できること
D		利用者(りようしゃ)さんに着(き)やすい服(ふく)を勧(すす)めることができる。
E		リーダーに、施設内(しせつない)の出張販売(しゅっちょうはんばい)に関(かん)して考(かんが)えを伝(つた)えることができる。

【パートⅢ】

		できること
F		着脱介助(ちゃくだつかいじょ)に関(かん)する申(もう)し送(おく)りを聞(き)くことができる。
		着脱介助(ちゃくだつかいじょ)に関(かん)する申(もう)し送(おく)りをすることができる。
G		利用者(りようしゃ)さんの着脱(ちゃくだつ)の時間(じかん)を短(みじか)くするために、工夫(くふう)できることについて話(はな)すことができる。

第5課 杖歩行

杖を使う利用者さんと一緒に歩いたり、階段を上り下りするときは、杖の使い方や、足を出す順番に注意しましょう。

パートⅠ

チャレンジ！

A 1 イラストを見て、わかることを話してください。

2 イラストを見ながら、音声を聞いてみましょう。 5_1

B 1 杖を使っている利用者さんと一緒に階段を使うとき、どんなことに気をつけたらいいですか。

2 どのように言っているか、音声を聞いてみましょう。 5_2

C 1 杖を使っている利用者さんに声かけをしてください。

(1) 階段を上がるとき

(2) 階段を降りるとき

2 どのように言っているか、音声を聞いてみましょう。 5_3

スクリプト

A 5_1

食事の時間です。春田さんは、いすに座ってみんなが来るのを待っています。秋本さんは車いすを押してもらって、食堂に来ました。夏川さんは杖をつきながら、リンさんに手伝ってもらって、ゆっくり階段を降りています。冬山さんは歩行器を使っていますが、アグスさんが後ろからサポートしています。

B 5_2

介護スタッフは、利用者さんの腕などをそっと支え、利用者さんの痛いほうの足の側に立ちます。階段を使うときは、足を出す順番に気をつけます。階段を上がるときは、一つ上の段に杖を乗せて、先に良いほうの足を出して、次に痛いほうの足を出します。階段を降りるときは、足を出す順番は逆になります。利用者さんのペースでサポートすることも大切です。

C 5_3

(1) 階段を上がるとき

じゃあ、階段を上がりましょう。杖を出して、右足（左足）から上がってくださいね。

(2) 階段を降りるとき

じゃあ、階段を降りましょう。杖を出して、それから左足（右足）から降りてください。支えていますから、安心してくださいね。

ことば

歩行　順番

A 食堂　歩行器

B 腕　支える　段　ペース

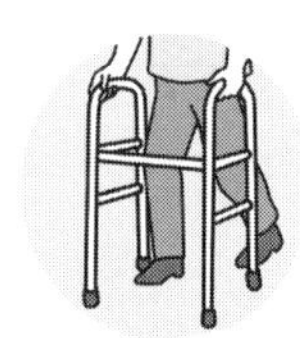

パートⅡ

ロールプレイ

D 利用者さんとのやり取り

アグスさん

夏川さんは、「散歩のとき、杖を使いたくない」と言います。危ないので、今まで通り杖を使うように話をしてください。

アグスさんは、「散歩のときは、危ないから杖を使ってほしい」と言います。でも、夏川さんは使いたくありません。

夏川さん

ロールプレイの音声を聞いてみましょう。 5_4

E 介護スタッフとのやり取り

グエンさん

腰を痛めた春田さんは、杖ではなく歩行器を使うことが決まりました。しかし、「歩行器は嫌だ」と言って聞きません。どうしたらいいか、リンさんに相談してください。

グエンさんから、「春田さんが歩行器を使ってくれないので、どうしたらいいか」という相談を受けました。グエンさんにアドバイスしてください。

リンさん

ロールプレイの音声を聞いてみましょう。 5_5

スクリプト

D 5_4

アグス：夏川さん、散歩に出かけるときには、杖を使ってください。転ぶといけませんから。

夏川　：嫌だ。杖なんて使ったら、かっこう悪いし……。

アグス：えっ、そんなことないですよ。その夏川さんの杖、すてきですね。それ、誰かのプレゼントですか。

夏川　：あっ、この杖。昔、娘が買ってくれたんだよ。

アグス：そうなんですか。いいですね。夏川さんによくお似合いですね。

夏川　：そう？　似合うかねぇ～。

アグス：ええ、すごく。じゃあ、出かけましょう。

夏川　：じゃあ、杖で出かけるか。

E 5_5

グエン：リンさん、ちょっと相談があるんですが、今、お時間よろしいでしょうか。

リン　：いいですよ、何ですか。

グエン：春田さんは腰を悪くしたので、歩行器を使うことに決まりました。でも、杖ならいいけど、歩行器はどうしても嫌だと言ってるんです。

リン　：そうなんですね。グエンさん、歩行器のメリットをしっかり伝えた？

グエン：いえ……。あのぅ、「変えたほうがいい」とだけしか言っていません。

リン　：ひざや腰にも楽だし、からだのバランスが取れるから安定するってことも伝えるといいと思う。

グエン：あ、そうですね。アドバイス、ありがとうございました。

リン　：いいえ。いつでも相談して。

ことば

D　かっこう悪い　お似合い

E　腰　メリット　ひざ　楽だ　安定する　アドバイス

■ パートⅢ

申し送り（もう おく）

F 1 🦻 ミーティングでの申し送り（もう おく）を、メモを取（と）りながら聞（き）いてください。

　　　　　　　　　　　　　　　　　　　　　　　　　　🔊 5_6

2 🗣 1で聞（き）いた申し送り（もう おく）について、メモを見（み）ながら話（はな）す練習（れんしゅう）をしてください。

3 👂 どのように言（い）っているか、もう一度（いちど）聞（き）いてみましょう。 🔊 5_6

G 1 利用者（りようしゃ）さんに合（あ）った杖（つえ）を選（えら）ぶためには、どんな点（てん）に注意（ちゅうい）すべきか話（はな）してください。
2 どのように言（い）っているか、音声（おんせい）を聞（き）いてみましょう。 🔊 5_7

スクリプト

F 5_6

冬山さんの杖使用についての報告です。最近、足の動きが悪くなってきました。今日も、廊下を歩いているときに、転びそうになりました。それで、四点杖を持って行って試してもらいました。冬山さんは、最初は一本杖にこだわっていましたが、「歩きやすくて、便利！」と、最後には言っていました。そろそろ四点杖に変えたほうが良さそうです。

G 5_7

杖は、利用者さんに合ったものを選ぶことが大切です。まず、握りに気をつけます。利用者さんそれぞれ、手の大きさや握る力が違いますので、握りやすいものを選びます。材質は、ゴムはすべりにくいですが、汗をかくとべたべたすることがあります。杖の高さは、直立して腕を下ろしたときに、手首の高さに握りが来るのが適切です。

ことば

合う

F 動き　廊下　四点杖　試す　一本杖　こだわる

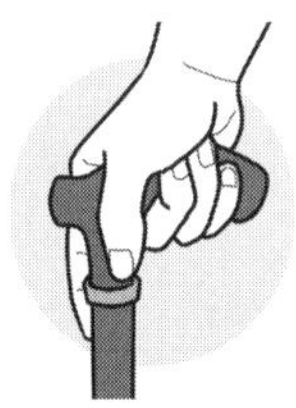
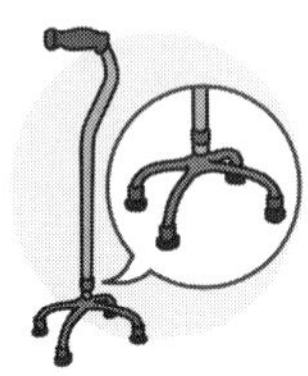
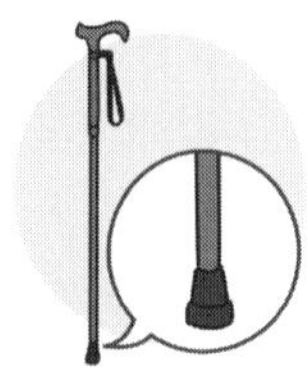

G 握り　握る　材質　汗をかく　べたべたする
直立　手首　適切だ

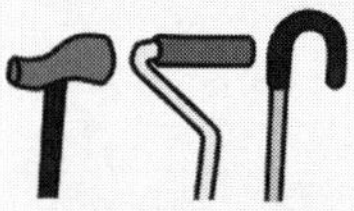

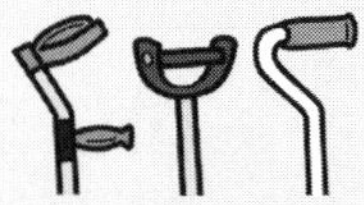

正しい杖の使い方

グエン：杖の使い方を教えてもらえませんか。

リン　：まず、痛みがある足と反対側にある手で、杖を持つことね。
それから、杖で痛みがある足を支えるようにして歩くことが大切。
最初に出すのは杖、その次に痛みのある足ね。歩幅は小さめにして。

グエン：はい、わかりました。

リン　：次に、痛みがないほうの足を出す……
といった順番。

グエン：ありがとうございました。

杖を使ったことわざ

「転ばぬ先の杖」

転んでけがをしてから杖を準備してもダメですね。
失敗しないように十分な準備をしておくことが大切です。

他に「杖」を使ったことわざや慣用句に、
どんなものがあるのかなぁ？

最後にチェックしてみよう！

◎とてもよくできる　○できる　△もう少し練習が必要　×できない

【パートⅠ】

		できること
A		杖歩行の場面について話すことができる。
B		杖歩行の介助をするとき、気をつけることについて話すことができる。
C		杖歩行の介助をするとき（階段を上がるとき、降りるとき）、利用者さんに声かけをすることができる。

【パートⅡ】　ロールプレイ

		できること
D		「杖を使いたくない」という利用者さんに対応することができる。
E		歩行器を嫌がる利用者さんへの対応について、先輩に相談することができる。

【パートⅢ】

		できること
F		杖歩行に関する申し送りを聞くことができる。
		杖歩行に関する申し送りをすることができる。
G		利用者さんの杖を選ぶときに、注意すべき点について話すことができる。

第6課 車いす移動

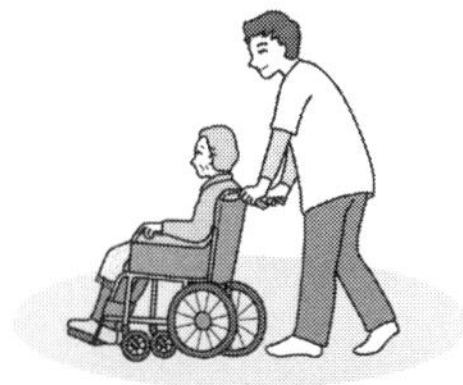

利用者さんが車いすで移動するときや、車いすからベッドに移るときに気をつけなければならないことを考えましょう。

パートⅠ

チャレンジ！

A **1** イラストを見て、わかることを話してください。

2 イラストを見ながら、音声を聞いてみましょう。 🔊 6_1

B **1** 利用者さんを車いすからベッドに移すとき、どんなことに気をつけたらいいですか。

2 どのように言っているか、音声を聞いてみましょう。 🔊 6_2

C **1** 車いすを使っている利用者さんに、声かけをしてください。

(1) ベッドから車いすに移るとき

(2) 車いすからベッドに移るとき

2 どのように言っているか、音声を聞いてみましょう。 🔊 6_3

スクリプト

A 6_1

グエンさんは秋本さんの車いすを押して外を散歩しています。２階の窓から、夏川さんが二人に手を振っていますが、秋本さんは気がつきません。猫を見つけて声をかけています。玄関ではアグスさんが春田さんに帽子を渡しています。これから一緒に散歩に行くのでしょう。リンさんは冬山さんを散歩に誘っていますが、冬山さんは行きたくないようです。

B 6_2

車いすをできるだけベッドの近くに置きます。利用者さんをベッドに移す前に、忘れずに車いすのブレーキをかけ、フットレストを上げます。移すときには、利用者さんのペースに合わせて、ゆっくり動くように気をつけます。また、介護スタッフが腰を痛めないように、姿勢に注意することが大切です。

C 6_3

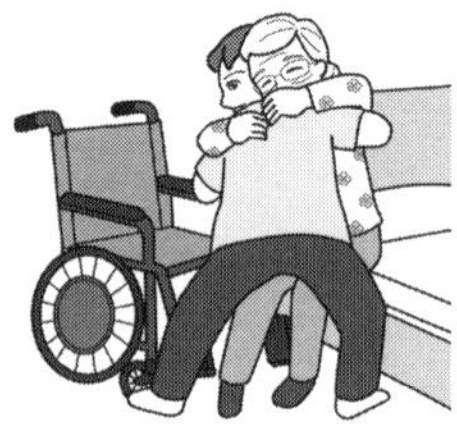

(1) 車いすに移るとき

○○さん、じゃあ、車いすに移りましょう。私の肩に手を回してください。

(2) ベッドに移るとき

○○さん、じゃあ、ベッドに移りましょう。ブレーキをかけて、フットレスト を上げますね。

ことば

移動　移る　移す

A 振る

B 忘れずに　ブレーキ　フットレスト　ペースに合わせる
腰　痛める　姿勢

パートⅡ

ロールプレイ

D 利用者さんとのやり取り

リンさん

秋本さんは、孫と一緒に公園まで散歩に行きたいとリンさんに頼みました。でも、秋本さんは今朝少し熱があるので、ていねいに断ってください。

孫が遊びに来たので、公園まで一緒に行きたいと思っています。リンさんに車いすで連れていってほしいと頼んでください。

秋本さん

ロールプレイの音声を聞いてみましょう。 6_4

E 介護スタッフとのやり取り

グエンさん

この間、グエンさんは秋本さんをベッドから車いすに移すとき、腰を痛めてしまいました。車いすへの移乗のサポートについて、アグスさんにアドバイスをお願いしてください。

グエンさんから車いすの移乗のサポートについてアドバイスしてほしいと頼まれました。グエンさんにアドバイスしてください。

アグスさん

ロールプレイの音声を聞いてみましょう。 6_5

スクリプト

D 6_4

秋本　：今日、孫が遊びに来てくれたんですよ。

リン　：いいですねぇ。本当にかわいいお孫さんですね。

秋本　：それで、一緒に公園まで散歩に行きたいので、連れていってくれませんか。

リン　：あのぅ、すみません。秋本さんはさっきお熱があったので、ちょっと外に行くのは難しいと思います。

秋本　：ちょっとだけだから。すぐ近くの公園までだったら、いいでしょ。

リン　：今、風邪がはやっているし、外は風が冷たいし……。

秋本　：そうね、わかったわ。じゃあ今日はやめにしましょう。風邪をひくといけないから。

リン　：私も本当にお連れしたいんですけど……。すみません。

E 6_5

グエン：おはようございます。ちょっとアグスさんにアドバイスしてもらいたいことがあるんですが……。今、大丈夫でしょうか。

アグス：あっ、グエンさん。もうすぐ会議があるんだけど、何？

グエン：あのぅ、昨日、秋本さんをベッドから車いすに移すとき、私、腰を痛めてしまったんです。

アグス：えっ、大丈夫？ グエンさん、足を大きく開いて低い姿勢になってた？

グエン：あぁ、そうだ。腰を低くしてなかった……。習ったのに忘れてました。

アグス：それから、利用者さんにはベッドに浅く座ってもらうようにするのも大切ですよ。じゃあ、あとでもっと詳しく説明するね。

グエン：ありがとうございます。よろしくお願いします！

ことば

移乗　アドバイス

D 風邪がはやる

E 浅く座る

パートⅢ

申し送り

F **1** ミーティングでの申し送りを、メモを取りながら聞いてください。

6_6

2 **1** で聞いた申し送りについて、メモを見ながら話す練習をしてください。

3 どのように言っているか、もう一度聞いてみましょう。 6_6

G **1** 「自立支援」（できるだけ自分の力で生活できるようにサポートすること）という視点から、利用者さんの車いす使用を考えるとき、注意すべき点について話してください。

2 どのように言っているか、音声を聞いてみましょう。 6_7

スクリプト

F 🔊 6_6

<ruby>秋本<rt>あきもと</rt></ruby>さんの<ruby>車<rt>くるま</rt></ruby>いす<ruby>移動<rt>いどう</rt></ruby>の<ruby>報告<rt>ほうこく</rt></ruby>です。<ruby>移動中<rt>いどうちゅう</rt></ruby>、<ruby>春田<rt>はるた</rt></ruby>さんに<ruby>呼<rt>よ</rt></ruby>ばれたので、ちょっと<ruby>目<rt>め</rt></ruby>を<ruby>離<rt>はな</rt></ruby>しました。そのとき、<ruby>秋本<rt>あきもと</rt></ruby>さんがタンスの<ruby>上<rt>うえ</rt></ruby>にある<ruby>写真<rt>しゃしん</rt></ruby>を<ruby>取<rt>と</rt></ruby>ろうとして、フットレストに<ruby>足<rt>あし</rt></ruby>を<ruby>置<rt>お</rt></ruby>いて<ruby>立<rt>た</rt></ruby>ち<ruby>上<rt>あ</rt></ruby>がってしまいました。すぐに<ruby>気<rt>き</rt></ruby>がついてからだを<ruby>支<rt>ささ</rt></ruby>えたので、<ruby>大丈夫<rt>だいじょうぶ</rt></ruby>でした。これからは、<ruby>利用者<rt>りようしゃ</rt></ruby>さんから<ruby>目<rt>め</rt></ruby>を<ruby>離<rt>はな</rt></ruby>さないように<ruby>注意<rt>ちゅうい</rt></ruby>していきたいと<ruby>思<rt>おも</rt></ruby>います。

G 🔊 6_7

<ruby>介護施設<rt>かいごしせつ</rt></ruby>では、<ruby>転倒<rt>てんとう</rt></ruby>などに<ruby>不安<rt>ふあん</rt></ruby>があると、<ruby>車<rt>くるま</rt></ruby>いすを<ruby>使<rt>つか</rt></ruby>った<ruby>移動<rt>いどう</rt></ruby>を<ruby>考<rt>かんが</rt></ruby>えます。それは、<ruby>危険性<rt>きけんせい</rt></ruby>を<ruby>低<rt>ひく</rt></ruby>くするためや、<ruby>人手<rt>ひとで</rt></ruby>が<ruby>足<rt>た</rt></ruby>りないという<ruby>理由<rt>りゆう</rt></ruby>からです。しかし、できるだけ<ruby>自分<rt>じぶん</rt></ruby>の<ruby>足<rt>あし</rt></ruby>で<ruby>歩<rt>ある</rt></ruby>いて<ruby>移動<rt>いどう</rt></ruby>できるように<ruby>支援<rt>しえん</rt></ruby>することが<ruby>大切<rt>たいせつ</rt></ruby>です。まずは、<ruby>杖歩行<rt>つえほこう</rt></ruby>から<ruby>始<rt>はじ</rt></ruby>め、それでも<ruby>難<rt>むずか</rt></ruby>しい<ruby>場合<rt>ばあい</rt></ruby>は<ruby>歩行器<rt>ほこうき</rt></ruby>に<ruby>変<rt>か</rt></ruby>えるなどの<ruby>工夫<rt>くふう</rt></ruby>が<ruby>必要<rt>ひつよう</rt></ruby>です。

ことば

<ruby>自立支援<rt>じりつしえん</rt></ruby>　　<ruby>視点<rt>してん</rt></ruby>　　<ruby>使用<rt>しよう</rt></ruby>

F　<ruby>目<rt>め</rt></ruby>を<ruby>離<rt>はな</rt></ruby>す　　タンス　　<ruby>立<rt>た</rt></ruby>ち<ruby>上<rt>あ</rt></ruby>がる　　<ruby>支<rt>ささ</rt></ruby>える

G　<ruby>転倒<rt>てんとう</rt></ruby>　　<ruby>不安<rt>ふあん</rt></ruby>　　<ruby>危険性<rt>きけんせい</rt></ruby>　　<ruby>人手<rt>ひとで</rt></ruby>が<ruby>足<rt>た</rt></ruby>りない　　<ruby>支援<rt>しえん</rt></ruby>する
　　<ruby>歩行器<rt>ほこうき</rt></ruby>　　<ruby>工夫<rt>くふう</rt></ruby>

介護の基本
「車いすの使い方」

「車いす」移動の順番を説明しています。聞いてみましょう。

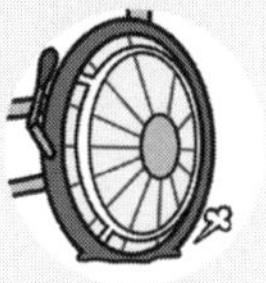
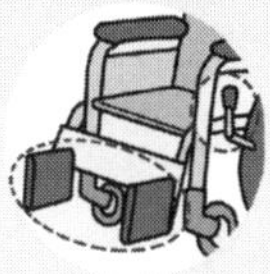

木村　：グエンさん、まず、タイヤがパンクしていないか確認してくださいね。

グエン：はい。

木村　：次に、ブレーキをかけます。そして、フットレストを上げてから、利用者さんを車いすに移してください。

グエン：ブレーキとフットレストですね。

木村　：利用者さんが車いすに座ったら、フットレストを下ろします。そして、利用者さんに両足を乗せてもらいます。さぁ、出発です。ブレーキを外して、移動開始。利用者さんに押すスピードが速すぎないか、速度を確認することも忘れないでください。

グエン：はい。よくわかりました。

では、今度は自分のことばで説明してみましょう。

坂道での移動では、どんなことに気をつけたらいいですか。

坂道を下りるとき　　坂道を下りるときは、後ろ向きになって下ります。段差のある所では、十分に注意します。

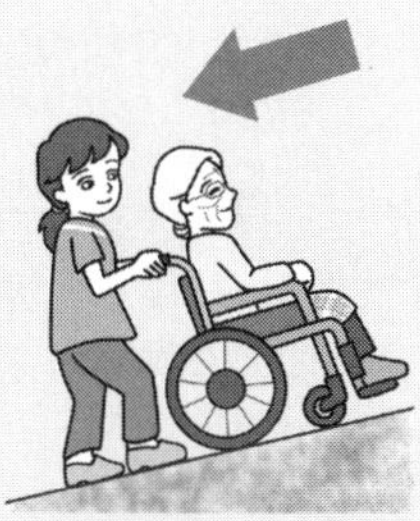

坂道を上がるときには、
どんなことに気をつけたら
いいのかなぁ。

最後にチェックしてみよう！

◎とてもよくできる　○できる　△もう少し練習が必要　×できない

【パートⅠ】

		できること
A		車いす移動の場面について話すことができる。
B		利用者さんを車いすからベッドに移すとき、気をつけることについて話すことができる。
C		ベッドから車いすに移るとき、車いすからベッドに移るとき、利用者さんに声かけをすることができる。

【パートⅡ】　ロールプレイ

		できること
D		散歩に行きたいという利用者さんの依頼をていねいに断ることができる。
E		ベッドから車いすの移動に関して、　先輩からアドバイスを受けることができる。

【パートⅢ】

		できること
F		車いす移動の際のトラブルに関する申し送りを聞くことができる。
		車いす移動の際のトラブルに関する申し送りをすることができる。
G		自立支援という視点で、車いす使用について注意すべき点について話すことができる。

第7課　食事の介助

食事はとても大切な時間です。利用者さんが食べやすく、楽しく食事できるようにこころがけましょう。

パートⅠ

チャレンジ！

A
1　イラストを見て、わかることを話してください。
2　イラストを見ながら、音声を聞いてみましょう。　7_1

B
1　食事の介助をするとき、どんなことに気をつけたらいいか話してください。
2　どのように言っているか、音声を聞いてみましょう。　7_2

C
1　利用者さんに声かけをしてください。
(1)　食堂に行くとき
(2)　食事を始めるとき
(3)　食事が終わったとき
2　どのように言っているか、音声を聞いてみましょう。　7_3

スクリプト

A 7_1

食堂で利用者さんが食事をしています。秋本さんは、車いすに座って食事をしています。右手にケガをしたので、食べにくそうです。それで、リンさんが秋本さんにスプーンを渡そうとしています。夏川さんは、おはしを使って、おいしそうに自力で食べています。冬山さんは、魚ではなく、肉を食べたいので、食べていません。

B 7_2

まず料理を置くときに、利用者さんの名前を確認します。それから、サポートする利用者さんの横に座ります。食事を始める前に、お茶やお水などで水分補給をしてもらいます。ごはん、おかず、水分とバランスよく食べてもらうことも大切です。一回の大きさや量にも注意したほうがいいです。また、口の中の食べ物がなくなったことを確認してから、次の食べ物を口に運びます。

C 7_3

(1) 食堂に行くとき

11時30分になりました。食事の時間です。では、食堂に行きましょう。

(2) 食事を始めるとき

どうぞ、召し上がってください。今日は、お魚ですね。

(3) 食事が終わったとき

全部召し上がりましたね。おいしかったですか。

ことば

介助　こころがける　食堂

A 自力で

B 水分補給　おかず　バランス　量

パートⅡ

ロールプレイ

D 利用者さんとのやり取り

アグスさん

冬山さんは、食堂で「食べたくない」と言っています。何とか食べるように話しかけてください。

冬山さんは、食事に魚が出てきたので、食べたくないと思っています。

冬山さん

ロールプレイの音声を聞いてみましょう。 7_4

E 介護スタッフとのやり取り

リンさん

さくらホームでは、毎月特別メニューを出しています。そこで、グエンさんに「10月の特別メニューのために、ベトナム料理を教えてほしい」と頼んでください。

リンさんから「10月の特別メニューのために、ベトナム料理を教えてほしい」と頼まれました。でも、料理は自信がありません。

グエンさん

ロールプレイの音声を聞いてみましょう。 7_5

スクリプト

D 7_4

冬山　：これ、食べたくない。何もいらない！

アグス：そうですか。あのぅ、温かいおみそ汁はどうですか。おいしいですよ。

冬山　：いらない！

アグス：あのぅ、今日は、冬山さんが好きなとうふのおみそ汁なんですよ。

冬山　：あ、そうか。でもいい！

アグス：じゃあ、ちょっとお茶だけでもいかがですか。

冬山　：そうだね。お茶なら……。

アグス：あ、冬山さんがお好きなたまご焼きもありますよ！　一ついかがですか。

冬山　：お！　たまご焼きか！　じゃあ、食べよう。

E 7_5

リン　：グエンさん、ちょっと相談したいことがあるんだけど、今、いい？

グエン：はい、何でしょうか。

リン　：10月の特別料理は、ベトナム料理にしたいと思うんだけど、ちょっと教えてもらえないかなぁ。ベトナム料理って、さっぱり味で、それに栄養もあるからいいよね。

グエン：さくらホームでベトナム料理を出すんですね。利用者さんたちに気に入ってもらえたら、うれしいです。でも、私は料理が苦手で……。

リン　：大丈夫。サイトにもいろいろ出てるし、それを見ながら教えてくれたらいいから。グエンさんが一緒だったら、こころ強いなぁ。

グエン：ああ、教えるっていうより、一緒にやるっていうことですね。それならぜひやらせてください。

ことば

何とか

D　とうふ　　たまご焼き

E　さっぱり味　　気に入る　　こころ強い

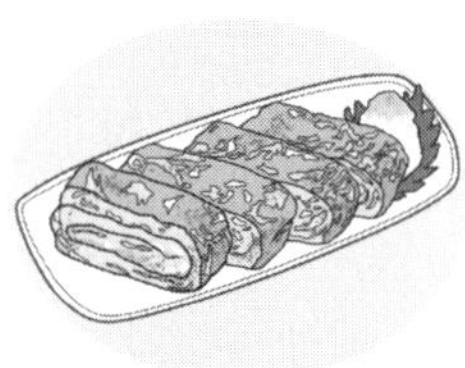

パートⅢ

申し送り

F 1 ミーティングでの申し送りを、メモを取りながら聞いてください。 7_6

2 1で聞いた申し送りについて、メモを見ながら話す練習をしてください。

3 どのように言っているか、聞いてみましょう。 7_6

G 1 利用者さんが自分らしく充実した生活が送れることは大切です。そのためには食事介助において、どんなことに注意すべきか話してください。

2 どのように言っているか、音声を聞いてみましょう。 7_7

スクリプト

F 7_6

冬山さんの今日の夕食での誤嚥の報告です。ベッドで食事介助を始めて数分後、急にむせました。背中をさすってしばらく様子を見ていたら、5分ほどで落ち着きました。冬山さんも「もう大丈夫」と言うので、食事を再開しました。再開後は、いつもよりスピードを落として、食事介助をしました。今後、食事介助は、ベッドの角度にも注意し、様子を見ながら進めてください。

G 7_7

食事は人として豊かに生きることにつながります。利用者さんに声かけをしたり、楽しい雰囲気で食事をすることが大切です。スタッフは、必ず利用者さんの隣に座ってサポートします。スプーンやはしは、下のほうから利用者さんの口に運ぶようにします。また。利用者さんに合わせて一口の量を考えることも必要です。ごはん、おかず、みそ汁など、バランス良く口に運ぶことも忘れないようにしましょう。

ことば

充実した　生活を送る

F　誤嚥　むせる　さする　落ち着く　再開する
スピードを落とす　角度

G　豊かに生きる　合わせる　一口

覚えておきたい「食事のことば」

食事に関係するオノマトペ

＊パリパリ

春田さんは、おせんべいを**パリパリ**召しあがりますねぇ。すごく歯がいいんですね。

＊ゴクゴク／カラカラ

夏川さん、ジュースを**ゴクゴク**飲んでいらっしゃいましたね。散歩したので、のどが**カラカラ**だったんですね。

＊グーグー／ペコペコ

秋本さん、お腹が**グーグー**鳴っていますね。お腹が**ペコペコ**のときは、遠慮しないで言ってください。じゃあ、おやつの時間にしましょう。

＊ペロリ

冬山さん、牛丼を**ペロリと**召しあがりましたね。食欲があっていいですね。

介護の3つのことば

＊嚥下する
＊飲み込む
＊ゴックンする

「ゴックンする」は、小さい子どもに使うことばです。利用者さんに使うときには、気をつけて使いましょう。

食べることに関係あるオノマトペって、いろいろあるんだなぁ。

最後にチェックしてみよう！

◎とてもよくできる　○できる　△もう少し練習が必要　×できない

【パートⅠ】

		できること
A		食事の場面について話すことができる。
B		食事の介助をするとき、気をつけることについて話すことができる。
C		食事に行くとき（始めるとき・終わったとき）、利用者さんに声かけをすることができる。

【パートⅡ】ロールプレイ

		できること
D		「食べたくない」という利用者さんに対応することができる。
E		後輩に特別料理を出す手伝いをしてほしいと頼むことができる。

【パートⅢ】

		できること
F		誤嚥に関する申し送りを聞くことができる。
		誤嚥に関する申し送りをすることができる。
G		食事の介助をするとき、注意すべき点について話すことができる。

第8課　排泄の介助

排泄はとても大切です。利用者さんが恥ずかしいと思わないように、上手に声かけができるようになりましょう。

パートⅠ

チャレンジ！

A
1　イラストを見て、わかることを話してください。
2　イラストを見ながら、音声を聞いてみましょう。　8_1

B
1　ポータブルトイレを使う利用者さんをサポートするときに、どんなことに気をつけたらいいですか。
2　どのように言っているか、音声を聞いてみましょう。　8_2

C
1　利用者さんに声かけをしてください。
(1)　寝る前にトイレに行くかどうか聞くとき
(2)　トイレに入って、利用者さんがなかなか出てこないとき
2　どのように言っているか、音声を聞いてみましょう。　8_3

スクリプト

A 8_1

夏川さんは足にケガをしたので、ポータブルトイレを使っています。今、自分でズボンを下ろそうとしています。リンさんは、トイレットペーパーを脇に抱えて、夏川さんにバスタオルを渡そうとしています。そして、「終わったら、ボタンを押して呼んでください」と、夏川さんに伝えました。

B 8_2

ポータブルトイレは便利ですが、置く場所に気をつけることが大切です。ベッドの足元に置くことが基本ですが、利用者さんが移りやすいところに置くと、使いやすくなります。利用者さんができることには手を出さず、転んだりしないように見守ります。ベッドのさくにつかまって降りて、ポータブルトイレの手すりにつかまると、転ぶ危険性が低くなります。

C 8_3

(1) 寝る前にトイレに行くかどうか聞くとき

〇〇さん、トイレは大丈夫ですか。寝る前に、もう一度トイレに行きませんか。

(2) トイレに行って、利用者さんがなかなか出てこないとき

〇〇さん、大丈夫ですか。もう少しここでお待ちしていましょうか。

ことば

排泄　介助　ポータブルトイレ

A 下ろす　脇　抱える　バスタオル

B 足元　基本　移る　見守る　さく　つかまる　手すり　危険性

パートⅡ

ロールプレイ

D 利用者さんとのやり取り

アグスさん

冬山さんは、部屋にポータブルトイレを置くのを嫌がります。夜中もトイレに一人で行こうとするので、心配です。ポータブルトイレを勧めてください。

アグスさんにポータブルトイレを使うように言われました。でも、ポータブルトイレを使わずに、トイレに行きたいと思っています。

冬山さん

ロールプレイの音声を聞いてみましょう。 8_4

E 介護スタッフとのやり取り

リンさん

「排泄ケアのロボット」に関する研修会があることを知りました。とても関心があるので、参加したいと思っています。木村さんに相談してください。

リンさんが「排泄ケアのロボット」に関する研修会に行きたいと言ってきました。対応してください。

木村さん

ロールプレイの音声を聞いてみましょう。 8_5

スクリプト

D 8_4

アグス：冬山さん、今日はポータブルトイレを使ってみませんか。
冬山　：嫌だよ。そんなもの、部屋に置きたくないから。
アグス：でも、便利ですよ。夜、一人でトイレに行くのは、ちょっと心配です。
冬山　：いや、大丈夫だよ。部屋にあんなものがあると、雰囲気が悪くなるよ。
アグス：冬山さん、今、「家具調ポータブルトイレ」というのがあるんですよ。いすと同じ感じのトイレです。ちょっと写真を見てみませんか。
冬山　：へぇ、そうなの。じゃあ、考えてみる。
アグス：午後、写真をお持ちしますね。

E 8_5

リン　：木村さん、今、お忙しいですか？
木村　：あ、リンさん。大丈夫だけど、何？
リン　：あのぅ、東京介護センターで「排泄ケアのロボット」についての研修会があるって聞きました。それに参加したいんですが……。
木村　：「排泄ケアのロボット」は、このホームでもいつか取り入れたいと思っているんだけどね。
リン　：早く取り入れたほうがいいと思うんです。それで、この研修会に参加して、しっかり勉強したいって思いました。
木村　：ただ、今は忙しい時期だから、次の機会にしてもらえたらうれしいんだけど……。
リン　：次は、いつになるかわからないですし、何とか今回参加させてもらえませんか。
木村　：そうね。介護スタッフも利用者さんも便利になるしね……。
リン　：ええ。そうなんです。ぜひよろしくお願いします。
木村　：じゃあ、考えてみましょう。

ことば

排泄ケア　ロボット　研修会　関心がある　対応する

D　家具調　感じ

E　取り入れる　機会　何とか

パートⅢ

申し送り

F 1 ミーティングでの申し送りを、メモを取りながら聞いてください。 8_6

2 1で聞いた申し送りについて、メモを見ながら練習をしてください。

3 どのように言っているか、もう一度聞いてみましょう。 8_6

G 1 利用者さんの気持ちを考えたとき、排泄ケアでは、どんなことに注意すべきか話してください。

2 どのように言っているか、音声を聞いてみましょう。 8_7

スクリプト

F 8_6

本日の報告です。夏川さんの不眠と頻尿についてです。夜、何度か見回りに行きましたが、いつも目を覚ましていました。眠れないからなのか、何度もトイレに行っていたようです。朝起きて、夏川さんは「トイレの回数は５回」と報告してくれました。これまでは、こんなことはありませんでした。不眠と頻尿、今後も気をつけて見ていってください。

G 8_7

排泄は、生活する上で大切な生理現象です。それだけに、人の手を借りなければ排泄できないと、利用者さんは恥ずかしい、情けないという気持ちが強くなります。そこで、排泄に失敗したときは、利用者さんの気持ちを傷つけないように、温かく声かけをすることが大切です。また、利用者さんの気持ちに寄り添いながら、自分の力でできることを大切にする配慮も必要です。

ことば

F 不眠　頻尿　目を覚ます　回数

G 生理現象　人の手を借りる　情けない　傷つける　寄り添う　配慮

介護の基本「排泄のことば」

「便のチェック」でからだの健康状態が見える！

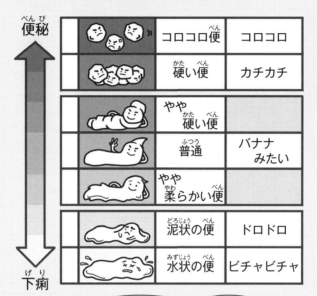

便秘 ↕ 下痢

	コロコロ便	コロコロ
	硬い便	カチカチ
	やや硬い便	
	普通	バナナみたい
	やや柔らかい便	
	泥状の便	ドロドロ
	水状の便	ビチャビチャ

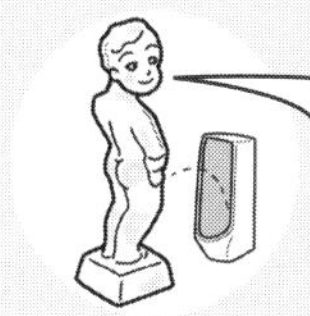

おしっこする・排尿する・しょんべんする
尿・小便・お小水・・・　いろいろなことばがあるんだよ

川柳で学ぶトイレのことば

川柳を楽しみながら、トイレのことばを学びましょう。
自分でも作ってみて、コンテストに出すのもいいですね。

お通じが
出て晴れ晴れの
朝ごはん
雨あがり

お手洗い
トイレにお便所
どこ違う？
せっちん

日本の
まほうのトイレ
ウォシュレット
噴水

川柳って、おもしろそう！　私も作ってみようかな。

最後にチェックしてみよう！

◎とてもよくできる　○できる　△もう少し練習が必要　×できない

【パートⅠ】

		できること
A		排泄介助の場面について話すことができる。
B		ポータブルトイレの利用者さんを介助するとき、気をつけることについて話すことができる。
C		トイレに行くかどうか、また、トイレで待っているときに声かけをすることができる。

【パートⅡ】　ロールプレイ

		できること
D		ポータブルトイレを嫌がる利用者さんに対応することができる。
E		研修会に行きたいと、リーダーに頼むことができる。

【パートⅢ】

		できること
F		不眠と頻尿に関する申し送りを聞くことができる。
		不眠と頻尿に関する申し送りをすることができる。
G		排泄ケアで注意すべき点について話すことができる。

第9課 入浴の介助

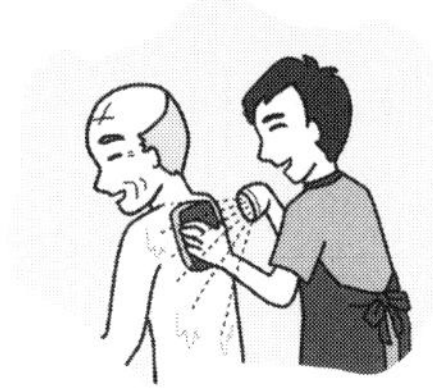

利用者さんはお風呂に入ることで、こころもからだもリラックスします。入浴は健康のために大切ですが、注意も必要です。

パートⅠ

チャレンジ！

A **1** イラストを見て、わかることをくわしく話してください。
2 イラストを見ながら、音声を聞いてみましょう。 9_1

B **1** 入浴介助するときに、どんなことに気をつけたらいいですか。
2 どのように言っているか、音声を聞いてみましょう。 9_2

C **1** 利用者さんに声かけをしてください。
(1) 入浴の時間が来たとき
(2) 湯船に入って、すぐに出ようとするとき
2 どのように言っているか、音声を聞いてみましょう。 9_3

スクリプト

A 9_1

お風呂でアグスさんが、利用者Aさんの背中を洗っています。Aさんは、歌を歌っています。とても気持ちがよさそうです。夏川さんは、一人で湯船に入っていますが、赤い顔をしています。長い時間入っていたのかもしれません。でも、アグスさんは、Aさんと楽しそうにしているので、夏川さんの様子に気がついていません。

B 9_2

入浴介助を始める前に、浴室の準備をしておきます。寒いときは、浴室と脱衣所を温めておきます。冬は急な温度の変化によってヒートショックが起きることがあるので、特に注意が必要です。また、浴室に必要なものがあるかどうかチェックしておきます。入る前に、利用者さんの体温、血圧、脈拍を測ります。そして、利用者さんの様子を見て、いつもと違う点がないか確認します。

C 9_3

(1) 入浴の時間がきたとき

今日は入浴の日です。体調はいかがですか。

(2) 湯船に入って、すぐに出ようとするとき

○○さん、もう少しゆっくり入りませんか。からだをしっかり温めるといいですよ。

ことば

入浴　介助　こころ　リラックスする　湯船

A 背中

B 浴室　脱衣所　変化　ヒートショック
体温　血圧　脈拍

C 体調

 パートⅡ

ロールプレイ

D 利用者(りようしゃ)さんとのやり取(と)り

冬山(ふゆやま)さんは、お風呂(ふろ)に入(はい)りたくないと言(い)って、1週間(しゅうかん)も入(はい)っていません。今日(きょう)は、ぜひ入(はい)ってほしいと伝(つた)えてください。

アグスさん

冬山(ふゆやま)さんは、お風呂(ふろ)に入(はい)りたくありません。この間(あいだ)、お風呂(ふろ)で転(ころ)びそうになったので、こわいと思(おも)っています。

冬山(ふゆやま)さん

ロールプレイの音声(おんせい)を聞(き)いてみましょう。 🔊 **9_4**

E 介護(かいご)スタッフとのやり取(と)り

木村(きむら)さんから、入浴介助(にゅうよくかいじょ)の仕事(しごと)をもっと増(ふ)やしてほしいと頼(たの)まれました。最近腰(さいきんこし)が痛(いた)いので、断(ことわ)ってください。

リンさん

リンさんに入浴介助(にゅうよくかいじょ)の仕事(しごと)をもっと担当(たんとう)してほしいと頼(たの)んでください。

木村(きむら)さん

ロールプレイの音声(おんせい)を聞(き)いてみましょう。 🔊 **9_5**

スクリプト

D 9_4

アグス：冬山さん、お風呂の時間ですよ。
冬山　：嫌だ。お風呂は絶対入らない！
アグス：気持ちいいですよ。髪も洗いましょう。
冬山　：またお風呂で滑りそうになったら嫌だから、入りたくない。
アグス：大丈夫です。私がずっとそばでお手伝いしますから、一緒に行きませんか。
冬山　：でもねぇ……。
アグス：明日は、冬山さんがお好きなカラオケの日ですから、髪を洗って、さっぱりして行きませんか。
冬山　：あぁ、そうか。それじゃわかった、入るよ。
アグス：じゃあ、お風呂に行きましょう。

E 9_5

木村　：リンさん、ちょっとお願いがあるんだけど、今いい？
リン　：あ、はい、大丈夫です。
木村　：アグスさんが1週間休みを取るので、夏川さんの入浴介助、お願いしてもいい？
リン　：ぜひお引きうけしたいんですが、実は、腰が痛くて……。今日病院に行こうと思っているんです。
木村　：あぁ、そうなんだ。
リン　：おとといの入浴介助のとき、ちょっと腰をひねってしまったんです。様子を見ていたんですが、まだ痛いので……。
木村　：そっかぁ、じゃあ、他の人に頼むことにするね。お大事に。
リン　：ありがとうございます。本当にすみません。

ことば

腰　担当する

D　カラオケ　さっぱりする

E　引き受ける　ひねる

パートⅢ

申し送り

F **1** ミーティングでの申し送りを、メモを取りながら聞いてください。 9_6

2 1で聞いた申し送りについて、メモを見ながら練習をしてください。

3 どのように言っているか、もう一度聞いてみましょう。 9_6

G **1** 利用者さんが自分らしく充実した生活が送れることは大切です。そのためには、入浴がなぜ大切かについて話してください。

2 どのように言っているか、音声を聞いてみましょう。 9_7

スクリプト

F 9_6

本日の報告です。冬山さんは、１週間入浴拒否が続いていましたが、今日の午後、入浴をしました。午前中に足浴をしたところ、とても気持ちよさそうでした。そこで、「お風呂に入ると、もっと気持ちよくなりますよ」と声かけをして、午後の入浴の約束をし、浴室に案内しました。今後、入浴拒否があった場合は、足浴を勧めることから始めるといいと思います。

G 9_7

入浴することで、からだを清潔に保つことができます。また、入浴してからだの手入れをしっかりすることによって、健康的な生活を送ることができます。スタッフがからだ全体の状態を見ることもできるので、疾患の早期発見につながります。さらに、お湯につかることで、からだも気持ちもリラックスし、良い気分転換になります。

ことば

充実した

F 入浴拒否　足浴

G 清潔に保つ　手入れ　健康的　全体　疾患
早期発見　お湯につかる　リラックスする　気分転換

覚えておきたい「入浴のことば」

湯船

湯船に入る

気をつけて湯船に入ってください。

湯船につかる

ゆっくり湯船につかってくださいね。

湯船から出る

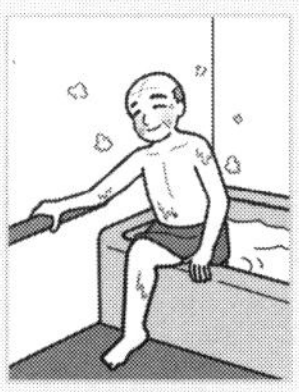

そろそろ上がりましょうか。

湯上がり

お風呂上がりにはお水を飲みましょう。

春田さんに「私はカラスの行水なの」って言われたけど、どういう意味だろう？

【豆ちしき】

★「風呂敷」って、お風呂に関係あるのかな？

★「ゆでだこ」ってことば聞いたけど、どんな意味？

★「露天風呂」って、どんなお風呂？　行ってみたいなぁ。

最後にチェックしてみよう！

◎とてもよくできる　○できる　△もう少し練習が必要　×できない

【パートⅠ】

		できること
A		入浴の場面について話すことができる。
B		入浴の介助をするとき、気をつけることについて話すことができる。
C		入浴に行くときや、すぐに湯船から出ようとする利用者さんに声かけをすることができる。

【パートⅡ】　ロールプレイ

		できること
D		「お風呂に入りたくない」という利用者さんに対応することができる。
E		利用者さんの入浴介助の仕事を増やしてほしいと頼まれたが、事情を伝えてていねいに断ることができる。

【パートⅢ】

		できること
F		入浴介助に関する申し送りを聞くことができる。
		入浴介助に関する申し送りをすることができる。
G		利用者さんにとって入浴が大切であることについて、話すことができる。

第10課　洗髪介助・清拭

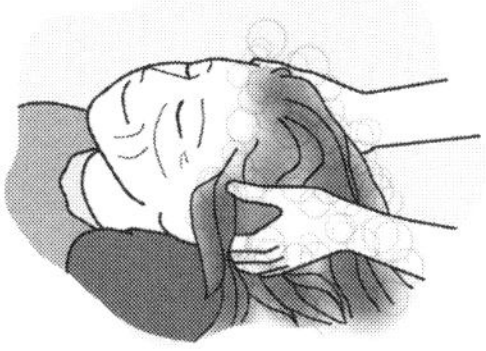

利用者さんが入浴できないときは洗髪や清拭をします。利用者さんのからだの状態を見ながら声かけをして、清拭を行いましょう。

パートⅠ

チャレンジ！

A
1　イラストを見て、わかることを話してください。
2　イラストを見ながら、音声を聞いてみましょう。 10_1

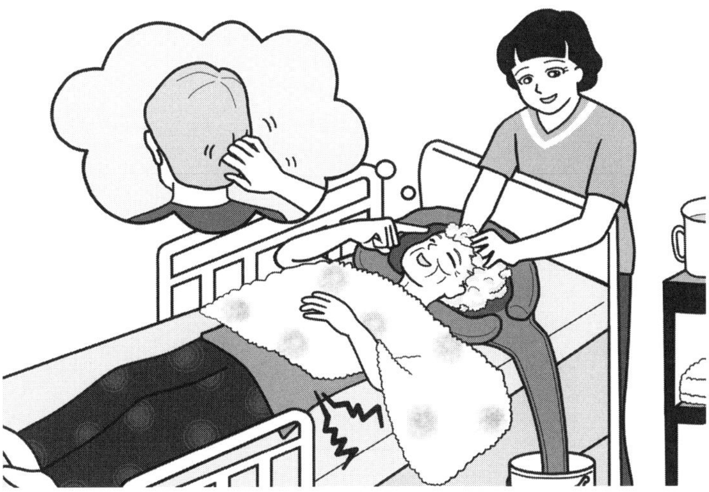

B
1　ベッドで洗髪をするとき、どんなことに気をつけたらいいですか。
2　どのように言っているか、音声を聞いてみましょう。 10_2

C
1　利用者さんに声かけをしてください。
(1) 洗髪を始めるとき
(2) 洗髪をしているとき
(3) 洗髪が終わったとき
2　どのように言っているか、音声を聞いてみましょう。 10_3

スクリプト

A 10_1

リンさんは、春田さんの髪を洗っています。春田さんは、腰を悪くしたので、お風呂に入れません。それで、髪をベッドの上で洗ってもらっています。春田さんは、とてもうれしそうにニコニコしています。でも、かゆい所があるので、指をさして「ここを洗ってください」と、リンさんにお願いしています。

B 10_2

事前に必要な道具をベッドの近くに置きます。また、温かくしたタオルを多めに用意します。クッションやバスタオルも用意しておくと、便利です。洗髪の方法は、利用者さんに合わせて選ぶことが大切です。たとえば、頭皮に問題がある人は、看護師と相談しながらサポートします。

C 10_3

(1) 洗髪を始めるとき
これから髪を洗いますね。気持ちがよくなりますよ。

(2) 洗髪をしているとき
力加減はどうですか。かゆいところはないですか。

(3) 洗髪が終わったとき
はい、終わりました。ちょっとお水か何かを飲みましょうか。

ことば

洗髪介助　清拭　入浴

A 腰　かゆい　指さす

B 事前に　多め　クッション　バスタオル　合わせる
頭皮　看護師

C 力加減　さっぱりする

パートⅡ

ロールプレイ

D 利用者さんとのやり取り

アグスさん

冬山さんは、ひどい風邪でお風呂に入れないため、ベッドの上での清拭になりました。でも、したくないと言っています。清拭ができるように話し合ってください。

冬山さんは清拭が嫌いなので、アグスさんの介助を断っています。

冬山さん

ロールプレイの音声を聞いてみましょう。 10_4

E 介護スタッフとのやり取り

リンさん

友達から「タオルがたくさんあるので寄付したい」と言われました。木村さんに相談してください。

リンさんから「タオルの寄付」について相談されました。話し合ってください。

木村さん

ロールプレイの音声を聞いてみましょう。 10_5

スクリプト

D 10_4

アグス：冬山さん、これからからだを拭いてもよろしいでしょうか。さっぱりしますよ。
冬山　：嫌だ。風邪が治ったら、お風呂に入るからいいよ。
アグス：そうですかぁ。でも、すぐには入れないから、からだを拭かせていただけませんか。
冬山　：からだを拭かなくても、問題ないから！
アグス：そうですか。でも、きれいにしておかないと、湿疹ができたりしますから。
冬山　：でも、今日はどうしても気が進まないんだよ。明日にしてくれない？
アグス：わかりました。じゃあ、明日拭きましょう。
冬山　：よろしく。

E 10_5

リン　：木村さん、ちょっとお話ししたいことがあるんですが……。
木村　：ああ、リンさん。何？
リン　：実は、友達がタオルを寄付したいと言ってきたんです。古いですけど、たくさんあるそうです。
木村　：えっ、そうなの。ウエスタオルとして使えるんで、助かるなぁ。
リン　：あのぅ、ウエスタオルって、何ですか。
木村　：古くなったタオルなんかで作る「使い捨てタオル」のこと。
リン　：ああ、清拭で使う使い捨てタオルのことですね。じゃあ、寄付をお願いしたいと伝えます。
木村　：よろしくね！

ことば

寄付する

D　湿疹　気が進まない

E　ウエスタオル　使い捨て

パートⅢ

申し送り

F **1** ミーティングでの申し送りを、メモを取りながら聞いてください。 10_6

2 1で聞いた申し送りについて、メモを見ながら練習をしてください。

3 どのように言っているか、もう一度聞いてみましょう。 10_6

G **1** 利用者さんに対して清拭を行うとき、注意すべき点について話してください。

2 どのように言っているか、音声を聞いてみましょう。 10_7

スクリプト

F 10_6

冬山さんの清拭のときの報告です。右肩の湿疹ですが、以前より少し広がっていました。首の下あたりも少し赤くなっていました。冬山さんからは「痛い」とか「かゆい」といった訴えは特にありませんでした。今日は、看護師に見てもらって、病院でもらった軟膏を塗っておきました。その後の様子を確認していただけませんか。

G 10_7

利用者さんの状態に合わせて、清拭のやり方を考える必要があります。そのためには、ふだんから利用者さんの状態をよく観察しておくことが大切です。また、利用者さんに、こまめに声かけをすると、リラックスしてもらうことができます。介護スタッフにとって、清拭は体位変換などがあり、腰に負担がかかることがあります。ベッドの高さは、動きやすいように、介護スタッフの腰のあたりに調節しておきます。

ことば

F 訴え　軟膏

G ふだん　観察する　こまめに　リラックスする
体位変換　腰　負担がかかる　調節する

覚えておきたい「清拭のことば」

体位変換で大切なことば

清拭についての会話を聞いてみましょう。

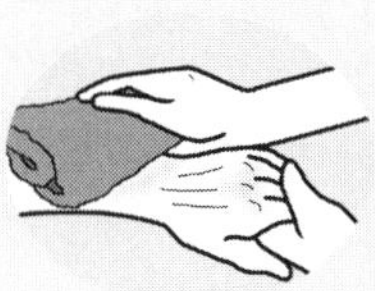

冬山：からだを拭かなくてもいいよ。めんどうだから。

リン：からだがきれいになって、さっぱりしますよ。

冬山：それだけ？　他に何か効果がある？

リン：はい、からだが温まって、血のめぐりもよくなります。だから、夜ぐっすり眠れますよ。

グエン：清拭って大切ですね。

アグス：そうそう。利用者さんが気持ちよくなるのはもちろんだけど、介護スタッフにとっても、利用者さんの健康状態がよくわかるよね。それから、寝たきりの人の褥瘡も予防できるし……。

ああ、そうか。「褥瘡」って、
「床ずれ」のことなんだ！

最後にチェックしてみよう！

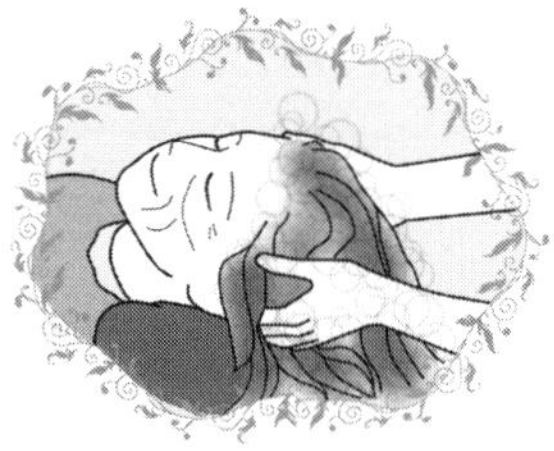

◎とてもよくできる　○できる　△もう少し練習が必要　×できない

【パートⅠ】

		できること
A		ベッドでの洗髪の場面について話すことができる。
B		洗髪のときに、気をつけることについて話すことができる。
C		洗髪を始めるとき、洗髪が終わったとき、利用者さんに声かけをすることができる。

【パートⅡ】　ロールプレイ

		できること
D		清拭を嫌がる利用者さんに対応することができる。
E		友達からの寄付について、リーダーに相談することができる。

【パートⅢ】

		できること
F		清拭の際に見つけた湿疹に関する申し送りを聞くことができる。
		清拭の際に見つけた湿疹に関する申し送りをすることができる。
G		利用者さんに清拭をするとき、注意すべき点について話すことができる。

第11課 服薬介助

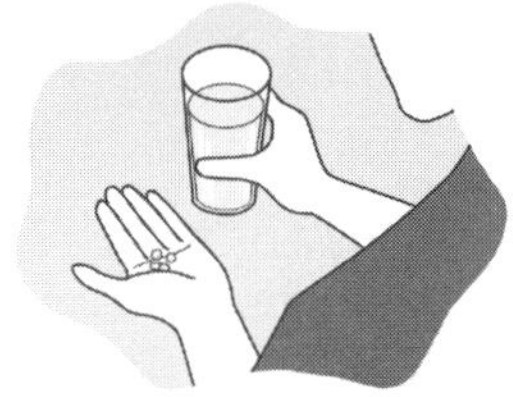

薬は適切な時間に飲むことが大切です。薬を飲みたがらない利用者さんに上手に声かけができるようにしましょう。

パートⅠ

チャレンジ！

A
1 イラストを見て、わかることを話してください。
2 イラストを見ながら、音声を聞いてみましょう。 11_1

B
1 薬を飲みたがらない利用者さんに対応するとき、どんなことに気をつけたらいいですか。
2 どのように言っているか、音声を聞いてみましょう。 11_2

C
1 利用者さんに声かけをしてください。
(1) 食後、薬を飲んだかたずねるとき
(2) 薬を飲まずに置いてあるとき
2 どのように言っているか、音声を聞いてみましょう。 11_3

スクリプト

A 11_1

今、食事が終わりました。春田さんは手に薬を２錠持っています。そして、グエンさんからコップの水をもらうところです。冬山さんは、薬を口に入れましたが、嫌だったので口から出そうとしています。飲まない薬をポケットの中に入れようとしています。冬山さんが薬を口から出そうとしていることに誰も気がつきません。

B 11_2

「薬を飲むと体調が良くなりますよ」などと、何度も声かけをしながら、飲んでもらえるようにします。また、利用者さんが散歩が好きだったら、「さぁ、これを飲んだら、散歩に行きましょう」などと言うのも、一つの方法です。時間をおいて、他のスタッフにやってもらうとうまくいくこともあります。

C 11_3

(1) 食後、薬を飲んだかたずねるとき

お食事はお済みですね。お薬は、もう飲みましたか。

(2) 薬を飲まずに置いてあるとき

まだお薬を飲んでいませんね。どうぞお水です。さぁ、飲みましょうか。

ことば

服薬介助　適切だ　対応する　食後

A 〜錠

B 体調　時間をおく

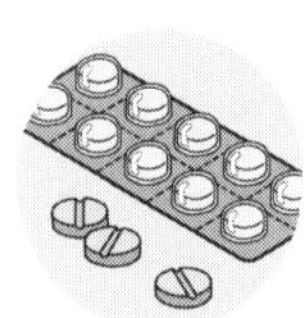

 パートⅡ

ロールプレイ

D 利用者（りようしゃ）さんとのやり取（と）り

冬山（ふゆやま）さんが、食後（しょくご）の薬（くすり）を飲（の）まないで、ポケットに入（い）れていることに気（き）がつきました。冬山（ふゆやま）さんと話（はな）し合（あ）ってください。

アグスさん

薬（くすり）は嫌（きら）いなので、最近（さいきん）は、もらっても飲（の）んでいません。介護（かいご）スタッフに見（み）られないようにして、ポケットに入（い）れています。今日（きょう）、アグスさんに見（み）つかってしまいました。

冬山（ふゆやま）さん

ロールプレイの音声（おんせい）を聞（き）いてみましょう。 🔊 11_4

E 介護（かいご）スタッフとのやり取（と）り

夏川（なつかわ）さんは、決（き）められた薬（くすり）だけではなく、もっと飲（の）みたいと言（い）っています。もっと薬（くすり）を渡（わた）さないと、機嫌（きげん）が悪（わる）くなります。リンさんに相談（そうだん）してください。

グエンさん

グエンさんから、薬（くすり）を必要以上（ひつよういじょう）に飲（の）みたがる夏川（なつかわ）さんの対応（たいおう）について、相談（そうだん）を受（う）けました。アドバイスしてください。

リンさん

ロールプレイの音声（おんせい）を聞（き）いてみましょう。 🔊 11_5

スクリプト

D 11_4

アグス：冬山さん、お薬は口じゃなくて、ポケットに行ってしまいましたね。
冬山　：えっ？　何のこと。薬は飲んだよ。
アグス：そうですかぁ〜。あのぅ、お薬は好きじゃありませんか。
冬山　：そうだねぇ……。
アグス：明日は冬山さんが楽しみにしているカラオケ教室がありますよ。私、冬山さんの秋田県の民謡、聞きたいです。
冬山　：薬を飲むのは苦手だけど、アグスさんがそう言うなら飲もうかな。それにカラオケ教室に行けなくなるのは嫌だしなぁ。
アグス：ではお水を持ってきてもいいですか？
冬山　：うん、わかった。ちゃんと飲むよ（ポケットから薬を出す）。
アグス：良かったです。明日のカラオケ楽しみですね。

E 11_5

グエン：リンさん、夏川さんの薬のことで相談があるんですが……。
リン　：夏川さんの？
グエン：あのぅ、今２種類の薬を、食後毎回２錠ずつ飲んでいます。でも、「もっと必要だ！」と言って、どなることもあるんです。
リン　：ああ、そうなんですね。じゃあ、プラセボにしたほうがいいかなぁ。
グエン：あのぅ、プラセボって何ですか。
リン　：薬の形をしている、ニセの薬のこと。利用者さんは「あぁ、薬を飲んだから安心」って思ってくれるから、ホームでも使うことがあるんですよ。
グエン：そうなんですね。よろしくお願いします。
リン　：すぐに看護師さんに聞いてみましょう。

ことば

機嫌が悪い

D　カラオケ　民謡

E　どなる　プラセボ　ニセ　看護師

パートⅢ

申し送り

F 1 ミーティングでの申し送りを、メモを取りながら聞いてください。 11_6

2 1で聞いた申し送りについて、メモを見ながら練習してください。

3 どのように言っているかもう一度聞いてみましょう。 11_6

G 1 介護施設として誤薬リスクを防ぐために、注意すべき点について話してください。

2 どのように言っているか、音声を聞いてみましょう。 11_7

スクリプト

F 11_6

冬山さんの服薬介助の報告です。ずっと服薬拒否がありますが、今日は何とか声かけをしながら、薬を飲んでもらいました。カプセル２錠はうまくいきました。しかし、粉薬を口に入れようとした際に、手で払われてしまい、薬が下にこぼれてしまいました。そのため、胃薬は、今日は飲んでいません。今後、粉薬は注意が必要です。よろしくお願いします。

G 11_7

誤薬リスクの防止には、それぞれの介護スタッフが注意することはもちろんですが、介護施設全体のシステムを考えることが大切です。まず、薬を準備する際には、複数の目で確認しましょう。名前、日にち、服薬の時間は、目で確認するだけではなく、声に出してチェックすると、さらに誤薬リスクの防止になります。

ことば

誤薬リスク　防ぐ

F 服薬拒否　何とか　カプセル　粉薬　手で払う
こぼれる　胃薬

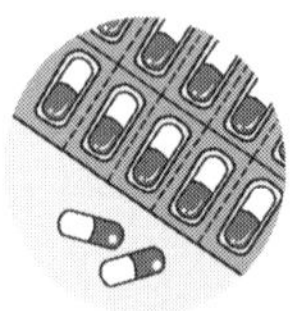

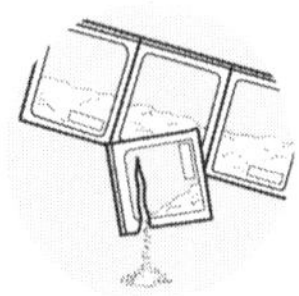

G 防止　システム　複数

覚えておきたい「薬のことば」

どの薬を飲んだらいいですか？

a）せき止め（せきどめ）
b）解熱剤（げねつざい）
c）降圧剤（こうあつざい）
d）胃薬（いぐすり）
e）痛み止め（いたみどめ）

「薬のことわざ」、どんな意味？

笑いは最高の薬

木村　：いやぁ、今日のレクリエーションでは、よく笑ったわね。
アグス：**「笑いは最高の薬」**ってよく言いますよね。
木村　：日本では、**「笑う門には福来る」**っていうことわざもあるしね。

良薬口に苦し

夏川　：この薬は、嫌だ。すごく苦いから。
アグス：**「良薬口に苦し」**ってことわざがありますね。健康のために飲みませんか。
夏川　：そうか。からだのために、飲むか。アグスさん、日本のことわざ、よく知ってるね。すごいよ。

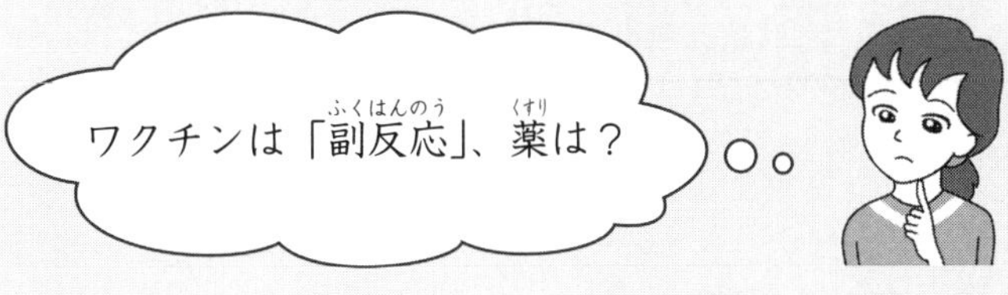

最後(さいご)にチェックしてみよう！

◎とてもよくできる　○できる　△もう少(すこ)し練習(れんしゅう)が必要(ひつよう)　×できない

【パートⅠ】

		できること
A		食後(しょくご)の服薬(ふくやく)の場面(ばめん)について話(はな)すことができる。
B		薬(くすり)を飲(の)みたがらない利用者(りようしゃ)さんに対応(たいおう)するとき、気(き)をつけることについて話(はな)すことができる。
C		薬(くすり)を飲(の)んだかどうか、また薬(くすり)が置(お)きっぱなしのとき、利用者(りようしゃ)さんに声(こえ)かけをすることができる。

【パートⅡ】　ロールプレイ

		できること
D		薬(くすり)を飲(の)んだふりをする利用者(りようしゃ)さんに対応(たいおう)することができる。
E		必要以上(ひつよういじょう)に薬(くすり)を飲(の)みたがる利用者(りようしゃ)さんへの対応(たいおう)に関(かん)して、先輩(せんぱい)に相談(そうだん)することができる。

【パートⅢ】

		できること
F		服薬拒否(ふくやくきょひ)に関(かん)する申(もう)し送(おく)りを聞(き)くことができる。
		服薬拒否(ふくやくきょひ)に関(かん)する申(もう)し送(おく)りをすることができる。
G		誤薬(ごやく)リスクを防(ふせ)ぐために、注意(ちゅうい)すべきことについて話(はな)すことができる。

第12課　レクリエーション

介護施設では、利用者さんのこころやからだの健康に役立つレクリエーションを行っています。みんなが楽しめるものを取り入れていきましょう。

パートⅠ

チャレンジ！

A　1　イラストを見て、わかることを話してください。

　　2　イラストを見ながら、音声を聞いてみましょう。 12_1

B　1　利用者さんがレクリエーションを楽しくすることができるように、どんなことに気をつけたらいいか話してください。

　　2　どのように言っているか、音声を聞いてみましょう。 12_2

C　1　利用者さんに声かけをしてください。

　　(1)　レクリエーションに行くとき

　　(2)　レクリエーションが終わって、部屋に戻るとき

　　2　どのように言っているか、音声を聞いてみましょう。 12_3

スクリプト

A 12_1

今日は、みんなで書道をしています。秋本さんは、「雛祭り」と自分で書いた紙を持って、とてもうれしそうです。雛祭りのことを思い出しながら書いたのかもしれません。春田さんは、紙に墨を落としてしまいました。壁にはいろいろな人が書いた作品が貼ってあります。利用者さんの作品だけでなく、介護スタッフの作品も飾ってあります。夏川さんは、ニコニコしながら見ています。

B 12_2

利用者さんには、いろいろな人がいるので、レクリエーションの種類もたくさん用意しておきます。ゲームや脳トレ（頭のトレーニング）など頭を使うこと、からだを動かすこと、折り紙など手先を動かすこと、そして歌など、いろいろあります。笑顔で、みんなで仲良くやることがとても大切です。時間配分にも気をつけます。

C 12_3

(1) レクリエーションに行くとき

さぁ、レクリエーションの時間ですよ。今日は、書道教室ですね。

(2) レクリエーションが終わって、部屋に戻るとき

わぁ、○○さんの字、すてきですね。お部屋に戻って、飾りましょうか。

ことば

レクリエーション　効果　楽しむ　取り入れる

A　書道　雛祭り　自分で　墨　作品

B　脳トレ　頭を使う　手先を動かす　時間配分

■■ パートⅡ

ロールプレイ

D 利用者（りようしゃ）さんとのやり取（と）り

春田（はるた）さんから、レクリエーションで毎月（まいつき）「お茶会（ちゃかい）」をやってほしいと頼（たの）まれました。春田（はるた）さんの話（はなし）を聞（き）いてください。

アグスさん

レクリエーションで毎月（まいつき）、お茶会（ちゃかい）をやってほしいと思（おも）っています。介護（かいご）スタッフに頼（たの）んでください。

ロールプレイの音声（おんせい）を聞（き）いてみましょう。　◀)) 12_4

春田（はるた）さん

E 介護（かいご）スタッフとのやり取（と）り

グエンさんは、リンさんからレクリエーションで、ベトナムの国（くに）の紹介（しょうかい）をして、歌（うた）も歌（うた）ってほしいと言（い）われました。でも、歌（うた）は苦手（にがて）なので断（ことわ）りたいと思（おも）っています。

グエンさん

レクリエーションで、グエンさんにベトナムの国（くに）の紹介（しょうかい）をして、歌（うた）も歌（うた）ってほしいと思（おも）っています。グエンさんに頼（たの）んでください。

ロールプレイの音声（おんせい）を聞（き）いてみましょう。　◀)) 12_5

リンさん

スクリプト

D 12_4

春田　：アグスさん、ちょっとお願いしたいことがあるんだけど……。
アグス：あ、春田さん。何でしょうか。
春田　：あのね、私、ずっと家でお茶（茶道）の先生をやっていたの。だから、毎月のレクリエーションのときに、お茶会をしたいんだけど……。
アグス：そうですか。お茶会って、特別な道具とかいりますよね。
春田　：それは私が家族に持って来てもらって、さくらホームに寄付するから大丈夫。
アグス：あ、ありがとうございます。すぐに木村さんに聞いてみます。
春田　：じゃあ、よろしくね！

E 12_5

リン　：グエンさん、ちょっとお願いがあるんだけど、いい？
グエン：はい、何でしょうか。
リン　：レクリエーションで、ベトナムの国の紹介をして、歌も歌ってほしいんだけど。
グエン：えっ、あのぅ、私、さくらホームに入ったばかりなので……。
リン　：簡単でいいから、ベトナムの料理とか観光地とか。それと歌を……。
グエン：ベトナムの紹介だったら、喜んでさせていただきます。でも、歌はちょっと……。苦手なんです。
リン　：あっ、そうなんだ。じゃあ、ベトナムの紹介だけお願いします。
グエン：はい、わかりました。よろしくお願いします。

ことば

お茶会

D　茶道　寄付する

E　喜んで

パートⅢ

申し送り

F **1** ミーティングでの申し送りを、メモを取りながら聞いてください。 12_6

2 1で聞いた申し送りについて、メモを見ながら話す練習をしてください。

3 どのように言っているか、もう一度聞いてみましょう。 12_6

G **1** レクリエーションを行うことの大切さについて話してください。

2 どのように言っているか、音声を聞いてみましょう。 12_7

スクリプト

F 12_6

冬山さんのレクリエーションの報告です。足をけがしてから、輪げりのゲームはしていなかったのですが、今日は、とても良い調子でやっていました。これからも足の機能回復のためにも、積極的に取り入れていきます。ただ、やりすぎないように、気をつけてください。あと、足を動かす体操なども、他の利用者さんとしてもらうようにしてください。

G 12_7

レクリエーションは、さまざまな意味で利用者さんにとって大切です。まず、からだを動かすことによって、からだの機能をより良くすることができます。次に、頭を使う脳トレは、脳の働きを活性化させます。また、人と交流することで社会的活動の楽しさを味わうことができ、生きる力にもつながります。

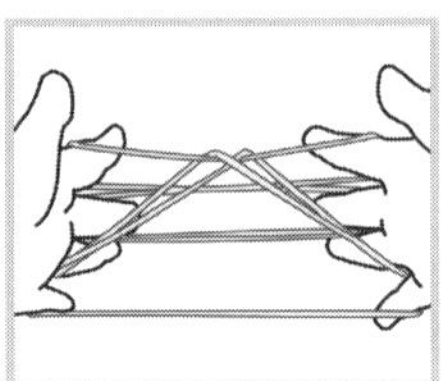
あやとり

吹き矢

ボッチャ

ことば

F　輪げり　機能回復　積極的　体操

G　働き　活性化　社会的活動　楽しさ
　　味わう　生きる力　つながる

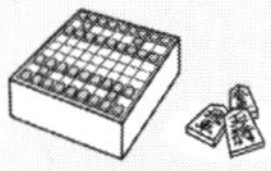

知ってる？「レクリエーション」

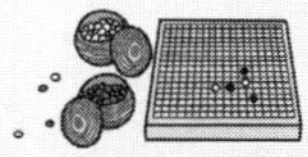

【からだ全体を動かす】

風船バレー

【口を動かす】

早口ことば

【音楽を使う】

イントロクイズ

【指先を使う】

お手玉

【頭を使う①】

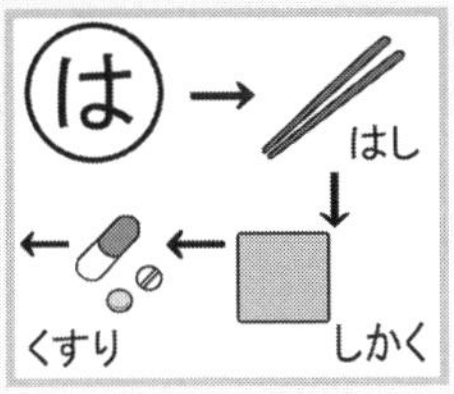

しりとり

【頭を使う②】

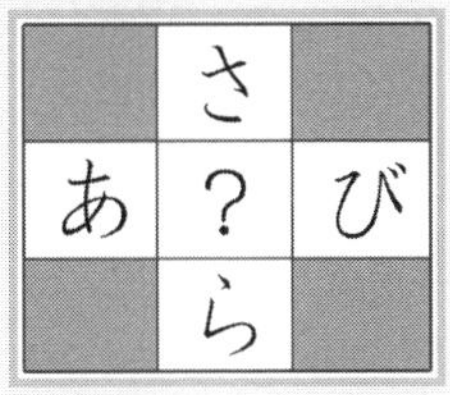

クロスワードパズル

【頭を使う③】

金　立　土　田　→ □

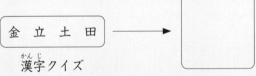

漢字クイズ

【頭を使う④】

<間違い探し>　間違いが3つあります。探してみましょう。

「イントロクイズゲーム」って何？　歌に関係あるって言ってたから、冬山さんに聞いてみよう。

最後にチェックしてみよう！

◎とてもよくできる　○できる　△もう少し練習が必要　×できない

【パートⅠ】

		できること
A		レクリエーションの場面について話すことができる。
B		レクリエーションを楽しく実施するために、気をつけることについて話すことができる。
C		レクリエーションに行くとき、終わって部屋に戻るとき、利用者さんに声かけをすることができる。

【パートⅡ】ロールプレイ

		できること
D		レクリエーションの希望を出した利用者さんに対応することができる。
E		「国の紹介や歌を歌う」という先輩の頼みに上手に対応することができる。

【パートⅢ】

		できること
F		レクリエーションに関する申し送りを聞くことができる。
		レクリエーションに関する申し送りをすることができる。
G		レクリエーションを実施することの大切さについて述べることができる。

第13課 イベント・行事

介護施設では、利用者さんが季節を感じたりできる、いろいろな楽しいイベントや行事があります。利用者さんの笑顔が見られるのがうれしいですね。

パートⅠ

チャレンジ！

A 1 イラストを見て、わかることを話してください。

2 イラストを見ながら、音声を聞いてみましょう。 13_1

B 1 イベントをするとき、どんなことに気をつけたらいいか話してください。

2 どのように言っているか、音声を聞いてみましょう。 13_2

C 1 利用者さんに声かけをしてください。

(1) 運動会に参加するとき

(2) 出番になったとき

2 どのように言っているか、音声を聞いてみましょう。 13_3

スクリプト

A 13_1

七夕の笹が飾ってあります。夏川さんは、自分が書いた短冊をつるしています。夏川さんの短冊には、「長生きできますように」と書いてあります。春田さんの短冊には「お茶会ができますように」と書いてあります。 秋本さんは、今、書いているところです。たぶん「孫が会いに来てくれますように」と書いているのだと思います。

B 13_2

いろいろな利用者さんがいるので、好みや得意なこと、関心のあることが違います。イベントや行事をするときには、内容ややり方を工夫する必要があります。また、運動会などからだを動かすものは、ケガなどにも注意が必要です。イベントを通して利用者さん同士がコミュニケーションを深めることができるような工夫も大切です。

C 13_3

(1) 運動会に参加するとき

そろそろ運動会が始まりますよ。今日は、何に出るんですか。がんばってくださいね。

(2) 出番になったとき

もうすぐ出番ですよ。こちらに集まってください。

ことば

イベント　行事　運動会　出番

A 七夕　笹　短冊　つるす　長生き　お茶会

B 好み　関心　内容　工夫　動かす　～同士

コミュニケーション　深める

パートⅡ

ロールプレイ

D 利用者さんとのやり取り

グエンさん

秋本さんは運動会に参加したくないと言っています。玉入れが上手にできないことが理由です。一緒に参加するように話をしてください。

玉入れがうまくできないので、運動会に参加したくないと思っています。

秋本さん

ロールプレイの音声を聞いてみましょう。 13_4

E 介護スタッフとのやり取り

リンさん

新しいイベントとして、利用者さんの作品展を11月にしたいと思っています。木村さんに提案してください。

リンさんが、利用者さんの作品展をやりたいと言ってきました。リンさんと話し合ってください。

木村さん

ロールプレイの音声を聞いてみましょう。 13_5

スクリプト

D 13_4

秋本　：私は、今度の運動会には出たくないんだけど……。

グエン：そうですか。秋本さん、運動会は楽しいですよ。

秋本　：だって、うまく玉を投げられないから、みんなに悪いでしょ。

グエン：玉入れは、みんなで投げるゲームだから大丈夫ですよ。みんなも秋本さんが一緒に出るのを、とっても楽しみにしていますよ。

秋本　：そう？　迷惑をかけない？

グエン：大丈夫ですよ。ちっとも心配いりません。秋本さんが出たら、他の人も元気が出て、いっぱい玉が入りますよ。

秋本　：そう。じゃあ、参加するわね。よろしくお願いします。

グエン：良かったです。私もうれしいです。

E 13_5

リン　：木村さん、ちょっと相談したいことがあるんですが……。

木村　：あ、リンさん。何？

リン　：11月のイベントのことなんですけど……。

木村　：ああ、もみじ狩りね。

リン　：はい。ちょっと寒い時期だから、利用者さんの作品展にかえてはどうですか。

木村　：作品展？

リン　：はい。みなさん、習字や絵など、いろいろお上手ですよね。作品展をやったら、励みになると思うんです。

木村　：なるほど。いい考えね。じゃ、今度の会議で出してくれる？

リン　：はい、わかりました。

ことば

玉入れ　作品展　提案する

D　迷惑をかける

E　もみじ狩り　時期　習字　励み

パートⅢ

申し送り

F 1 ミーティングでの申し送りを、メモを取りながら聞いてください。 13_6

2 1で聞いた申し送りについて、メモを見ながら話す練習をしてください。

3 どのように言っているか、もう一度聞いてみましょう。 13_6

G 1 利用者さんにとって、どうしてイベントや行事が大切かについて話してください。

2 どのように言っているか、音声を聞いてみましょう。 13_7

スクリプト

F 13_6

今日の報告です。運動会のとき、夏川さんと冬山さんの間で、トラブルがありました。二人とも同じ青チームでした。「玉入れ」は、二人とも熱心にしていましたが、青チームが負けてしまいました。冬山さんは「夏川さんのせいで負けた」と怒り出しました。夏川さんが我慢したので、とりあえず収まりましたが、不満などが残っているかもしれません。夏川さんにイベントに対する要望などを聞いてみてください。

G 13_7

イベントや行事は、季節に合わせて企画したり、利用者さんの誕生日に合わせて実施したり、毎日の生活に変化をつけたりすることができます。ホームの中では、生活が単調になりがちなので、イベントを待つ楽しみが生まれます。また、からだを動かしたり、利用者さん同士で交流したりすることから、生きる楽しさと自信につながります。

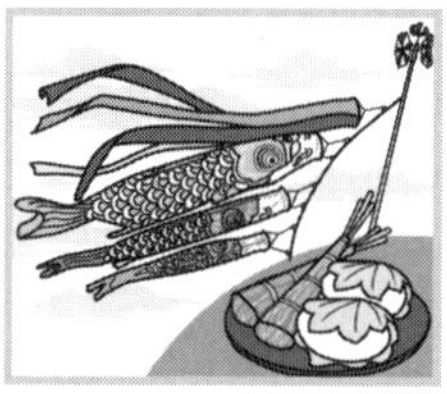

ことば

実施する

F トラブル　怒る　我慢する　とりあえず　収まる　不満　要望

G 合わせる　変化をつける　単調　楽しさ

知ってる？「年中行事」

【どんな年中行事でしょうか？】

（　　　　　　）
①1月7日

（　　　　　　）
②1月11日

（　　　　　　）
③2月3日
（年によっては、2月2日か4日）

①おかゆに7つの草を入れるのはどうして？
②おもちを叩くのはなぜ？
③豆とお面を使って何をするの？

★ 3月から12月の年中行事に、どんなものがあるか調べてみましょう。
★「母の日」は、5月の第2日曜日！？

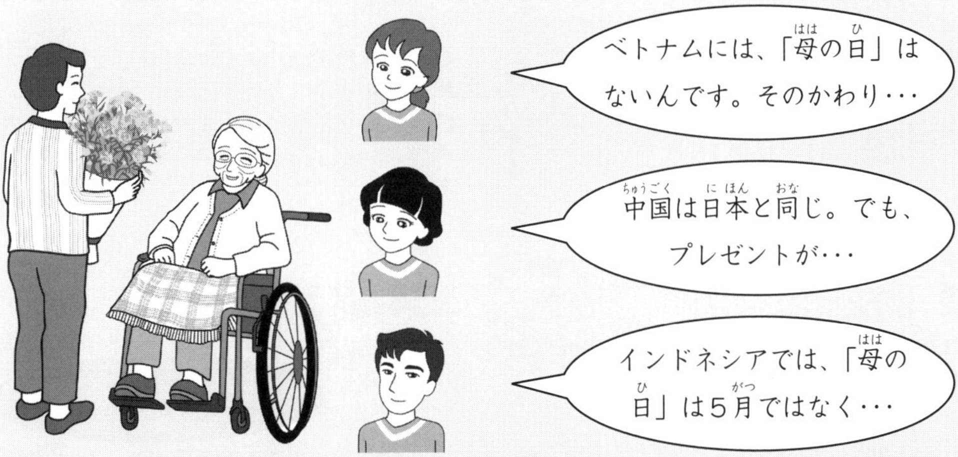

ベトナムには、「母の日」はないんです。そのかわり･･･
中国は日本と同じ。でも、プレゼントが･･･
インドネシアでは、「母の日」は5月ではなく･･･

さくらホームでは、
どんなイベントをするんだろう？

最後にチェックしてみよう！

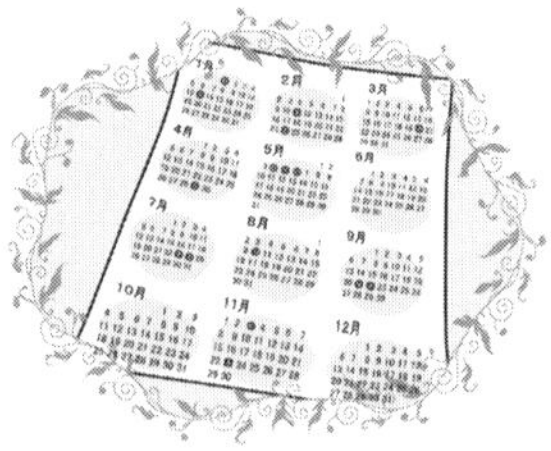

◎とてもよくできる　〇できる　△もう少し練習が必要　×できない

【パートⅠ】

		できること
A		七夕の場面について話すことができる。
B		イベントを考えるとき、気をつけることについて話すことができる。
C		運動会に参加するとき、また、出番になったとき、利用者さんに声かけをすることができる。

【パートⅡ】　ロールプレイ

		できること
D		「運動会に参加したくない」という利用者さんに、参加するように勧めることができる。
E		作品展の開催を、リーダーに提案することができる。

【パートⅢ】

		できること
F		利用者さん同士のトラブルに関する申し送りを聞くことができる。
		利用者さん同士のトラブルに関する申し送りをすることができる。
G		イベントや行事の大切さについて話すことができる。

第14課 認知症の利用者への対応

認知症の利用者さんの状態は一人ひとり違います。ていねいに向き合いましょう。

パートⅠ

チャレンジ！

A 1 イラストを見て、わかることを話してください。

2 イラストを見ながら、音声を聞いてみましょう。 14_1

B 1 認知症の利用者さんに向き合うとき、どんなことに気をつけたらいいか話してください。

2 どのように言っているか、音声を聞いてみましょう。 14_2

C 1 利用者さんに声かけをしてください。

(1) 食後すぐに「ご飯まだ？」と聞かれたとき

(2)「カギがない」と相談されたとき

2 どのように言っているか、音声を聞いてみましょう。 14_3

スクリプト

A 14_1

リンさんは、冬山さんの認知症のことで悩んでいます。それで、木村さんに相談しています。冬山さんは、ご飯を食べてすぐに、「ご飯、まだですか」と聞いています。めがねやカギは、どこにあるかと探し回ることもあります。リンさんがとても困ったのは、冬山さんに「財布がなくなった。リンさんがとったんじゃないか」と言われたことです。

B 14_2

認知症の利用者さんの言葉や行動に対して怒ったり、気持ちを傷つけたりしないことが大切です。認知症の人は今まで「できていたこと」が「できなくなる」「わからなくなる」などの不安をもっています。まずは利用者さんの不安な気持ちを理解して、受け入れることが大切です。私たちが理解しづらい言葉や行動にも意味があります。否定したりしないで、利用者さんのペースに合わせてじっくりと話を聴くことが大切です。

C 14_3

(1) 食後すぐに「ご飯まだ？」と聞かれたとき

ちょっと待ってくださいね。じゃあ、お茶でも飲んで待っていてくださいね。

(2) 「カギがない」と相談されたとき

カギがないんですか。大変ですね。じゃあ、一緒にお部屋の中を探しましょう。

ことば

認知症　対応　向き合う　食後

B 怒る　傷つける　何かしら　不安　受け入れる　否定する　ペースに合わせる　重要だ

パートⅡ

ロールプレイ

D 利用者さんとのやり取り

アグスさん

冬山さんは「夏川さんが財布をとった」と怒っています。話を聞いて対応してください。認知症が少し進んでいるようです。

タンスにあった財布が見つかりません。それで、隣の部屋の夏川さんがとったと思い、怒っています。

ロールプレイの音声を聞いてみましょう。 14_4

E 介護スタッフとのやり取り

リンさん

先月も研修会に参加しましたが、今月も出たいと思っています。それは、今月のテーマは「認知症のケア」で、リンさんにとって大切なテーマだからです。木村さんに相談してください。

リンさんが、研修会にまた行きたいと言ってきました。リンさんと話し合ってください。

木村さん

ロールプレイの音声を聞いてみましょう。 14_5

スクリプト

D 14_4

アグス：冬山さん、どうなさいましたか。
冬山　：このタンスに入れておいた財布がないんだよ。困った。
アグス：それは大変ですね。トイレに忘れてませんか。
冬山　：そうだ！　さっき隣の部屋の夏川さんが遊びに来ていた。夏川さんが持って行ったんだ。
アグス：そうですか。あ、お財布、もう一度一緒に探してみましょうか。
……（一緒に探す）……
アグス：あれ？　冬山さん、あそこを見てください。たなの上。
冬山　：あっ、あった。たなの上にあった！
アグス：良かったですね。

E 14_5

リン　：木村さん、ちょっとお願いがあるんですが、今、いいでしょうか。
木村　：あ、リンさん、何？
リン　：今月の研修会に参加させていただけませんか。先月も行かせてもらったんですが、今月も、ぜひ出たいと思って……。
木村　：そう。でも実は、今月はアグスさんが参加する予定で……。
リン　：あのぅ、さくらホームから２名でもいいそうです。「認知症のケア」がテーマなので……。
木村　：リンさんは、本当に熱心ねぇ。
リン　：いえ。今回は実践報告がいろいろあるし、勉強したいと思って……。
木村　：わかった。特別にＯＫしましょう。
リン　：ありがとうございます！

ことば

タンス　研修会　ケア

D　たな

E　実践報告

■■ パートⅢ

申(もう)し送(おく)り

F **1** ミーティングでの申(もう)し送(おく)りを、メモを取(と)りながら聞(き)いてください。

🔊 14_6

2 1で聞(き)いた申(もう)し送(おく)りについて、メモを見(み)ながら練習(れんしゅう)をしてください。

3 どのように言(い)っているか、もう一度(いちど)を聞(き)いてみましょう。 🔊 14_6

G **1** 介護施設(かいごしせつ)として、認知症(にんちしょう)の利用者(りようしゃ)さんができるだけ快適(かいてき)に過(す)ごせるようにするために、注意(ちゅうい)すべき点(てん)について話(はな)してください。

2 どのように言(い)っているか、音声(おんせい)を聞(き)いてみましょう。 🔊 14_7

スクリプト

F 14_6

冬山さんの帰宅願望の報告です。昨日、22時に見回りに行ったとき、まだ起きていました。「家で家内が待っているから帰りたい」と言っていました。しばらく話を聞いて、10分後に布団に入られました。実は、冬山さんの奥さんは3年前に亡くなっています。認知症が少し進んだのではないでしょうか。今後、気をつけて見てください。

G 14_7

自分が役に立つ、求められている存在だと思ってもらうことが重要です。その利用者さんができることが何かを知って、できるだけ頼むようにすると、本人の自信にもつながります。また、頼んだことをやってくれたときは、感謝の気持ちを伝えることが大切です。他の利用者さんとコミュニケーションを取る機会を増やし、孤独な気持ちにさせないようにしましょう。

ことば

快適に

F 帰宅願望　家内　実は

G 求める　存在　重要だ　コミュニケーション　孤独

介護の基本
「認知症への対応」

錯覚

幻覚

a）「これから会社に仕事に行くから」と言って、玄関を探しています。

b）「エアコンの吹き出しからお化けが出てる」と言ってこわがっています。

a）の対応法

×「もう会社は退職なさいましたよ」

○「今日のお仕事は、お休みですよ」と言って、今の気持ちを切り替えてもらいます。

b）の対応法

×「そんなことあるわけありませんよ」

○「そうですねぇ。それは怖かったですね」と気持ちを受け止め、「あとでエアコンの吹き出し口を箱でふさぎますね。あっ、その箱、譲っていただけますか」と言って、気持ちを切り替えてもらいます。

【認知症の利用者さんへの対応策】

- 利用者さんの気持ちを理解して寄り添うこと
- 「否定しない、叱らない、指摘しない」は大原則
- 利用者さんのリズムやペースに合わせること
- 目線を合わせ、ゆっくり話すこと
- 良いところを見つけて、ほめること

100人認知症の利用者さんがいたら、症状は100人、みんな違います。

認知症の症状は、物とられ妄想、不眠、帰宅願望など……他に何があるかな～。

最後にチェックしてみよう！

◎とてもよくできる　○できる　△もう少し練習が必要　×できない

【パートⅠ】

		できること
A		認知症の利用者さんについて話すことができる。
B		認知症の利用者さんと向き合うとき、気をつけることについて話すことができる。
C		食後すぐに「食事はまだか」と聞いたり、「カギがない」と言ったりする利用者さんに声かけをすることができる。

【パートⅡ】 ロールプレイ

		できること
D		財布をとられたと言っている利用者さんに対応することができる。(物取られ妄想)
E		研修会の参加について、リーダーに相談することができる。

【パートⅢ】

		できること
F		帰宅願望に関する申し送りを聞くことができる。
		帰宅願望に関する申し送りをすることができる。
G		認知症の利用者さんが快適に過ごせるように、注意すべきことについて話すことができる。

第15課 利用者の家族への対応

利用者さんの家族とは日頃からよくコミュニケーションをとり、良い関係を作るようにしましょう。

パートⅠ

チャレンジ！

A 1 イラストを見て、わかることを話してください。

2 イラストを見ながら、音声を聞いてみましょう。 15_1

B 1 利用者の家族により良いサービスを提供するには、どんなことに気をつけたらいいか話してください。

2 どのように言っているか、音声を聞いてみましょう。 15_2

C 1 利用者さんの家族にあいさつをしてください。

(1) 家族が面会に来たとき

(2) 家族が帰るとき

2 どのように言っているか、音声を聞いてみましょう。 15_3

スクリプト

A 15_1

秋本さんに会いに、家族がやってきました。息子さんは受付で、面会カードに書き込んで、それをスタッフに渡しました。受付のスタッフは、息子さんにゲストカードを渡しました。お孫さんがうれしそうに、手を振りながら秋本さんの所に走ってきました。秋本さんもニコニコしながら、両手を広げて女の子が来るのを待っています。

B 15_2

家族が気軽に介護施設にリクエストなどを伝えることができるように、良い関係を作ることが大切です。また、利用者さんの状態を家族に対して、定期的に伝える工夫が必要です。直接会って話し合う機会は重要ですので、家族が参加できるイベントなども、定期的に準備するといいと思います。

C 15_3

(1) 家族が面会に来たとき

おはようございます。○○さんは、昨日から楽しみにしていらっしゃいましたよ。どうぞこちらにいらしてください。

(2) 家族が帰るとき

今日は、ありがとうございました。○○さん、本当に楽しそうでしたね。ぜひまたお越しください。

ことば

対応　日頃　コミュニケーション　関係　提供する　面会

A　面会カード　書き込む　ゲストカード　振る　広げる

B　気軽に　リクエスト　定期的に　工夫　直接　重要だ

パートⅡ

ロールプレイ

D 利用者さんとのやり取り

アグスさん

夏川さんの娘さんが「父が家に帰りたいと言っているので、外泊許可をお願いします」と言ってきました。しかし、インフルエンザがはやっているので、断ってください。

父親が帰りたがっているので、外泊のお願いのため電話をしました。１泊でもいいので、許可してほしいと思っています。

夏川さんの娘さん

ロールプレイの音声を聞いてみましょう。 15_4

E 介護スタッフとのやり取り

グエンさん

秋本さんの息子さんから、ベトナム旅行のお土産を受け取ってしまいました。さくらホームでは利用者の家族から贈り物は受け取ってはいけないことになっています。木村さんに相談してください。

グエンさんから秋本さんの家族からプレゼントを受け取ったことで、相談を受けました。話し合ってください。

木村さん

ロールプレイの音声を聞いてみましょう。 15_5

スクリプト

D 15_4

アグス：　もしもし、アグスでございます。お待たせいたしました。
夏川（娘）：アグスさん、いつも父がお世話になっております。
アグス：　いえいえ。
夏川（娘）：実は、昨日も今日も父から電話があって、「家に帰りたい」と言っているので、来週外泊をさせてほしいんですが……。
アグス：　すみません。インフルエンザがはやっているので、今は外泊できないことになっているんです。
夏川（娘）：そうなんですか。あのぅ、１泊だけでもいいんですが……。
アグス：　申し訳ございません。今は、許可できないことになっているので……。
夏川（娘）：そうですか。わかりました。じゃあ、もう少し先にします。

E 15_5

グエン：あのぅ、木村さん。急いで相談したいことがあるんですが……。
木村　：えっ、何？　急いで相談って。
グエン：実は、秋本さんの息子さんからベトナムのチョコレートをいただいてしまいました。これです。
木村　：まあ、おいしそうねぇ。グエンさんは秋本さんにいつもやさしくしているから、感謝の気持ちね。でも、このホームではプレゼントは禁止だから。
グエン：はい、それで私はお断りしたんですが、どうしてもっておっしゃったので、断れませんでした。すみません。
木村　：わかった。それじゃこれは息子さんのお気持ちとして受け取っておきましょう。私から、もう一度ルールを息子さんに説明しておきますね。
グエン：申し訳ありません。よろしくお願いします。

ことば

外泊許可　～泊　受け取る

E 禁止

パートⅢ

申し送り

F 1 ミーティングでの申し送りを、メモを取りながら聞いてください。 15_6

2 1で聞いた申し送りについて、メモを見ながら練習してください。

3 どのように言っているか、もう一度聞いてみましょう。 15_6

G 1 利用者さんの家族からの要望やクレームなどに対応するために、注意すべき点について話してください。

2 どのように言っているか、音声を聞いてみましょう。 15_7

スクリプト

F 15_6

秋本さんの家族面会と、来週土曜日の外出の連絡です。息子さん夫婦が、今日14時半に見えました。そのときに、来週の土曜日は、秋本さんの88歳の誕生日なので、自宅でパーティーをしたいと言われました。外出届け、昼食キャンセルの届け出は、まだ出ていません。ホームへの戻りは15時ごろになります。

G 15_7

利用者さんの家族からの要望やクレームなどは、ていねいに聞くようにしましょう。相手の立場に立って、共感して聞くことが大切です。「なるほど」「そうなんですね」などと、あいづちを打つことも忘れないでください。また、クレームとして伝えられたことに対しては、すぐに何かしら動きます。そのときは、リーダーに相談するなど他の人にも伝えておくこと、また、記録しておくことも必要です。

ことば

要望　クレーム

F　外出　夫婦　自宅　昼食キャンセル　届け出　戻り

G　相手　立場に立つ　共感して聞く　あいづちを打つ
何かしら　リーダー　記録する

知ってる？「介護の魅力」

介護スタッフさんに、介護という仕事を選んだ理由を聞いてみました。

働きがいのある仕事だと思ったから。
お年寄りが好きだし、社会の役に立ちたいから。
ニーズも高いし、資格・技能が生かせるから
みなさんが介護に興味を持った理由は何ですか？

介護スタッフが語る「介護という仕事の魅力」

利用者さんの笑顔を見ると、疲れなんて吹っ飛んでしまいます。
利用者さんと接することで、人生の先輩にいろいろなことを教えてもらえることがとてもうれしいです。
利用者さんやご家族の方に「ありがとう」と感謝されたとき、介護士になって良かったなぁと思います。
介護の魅力ってどんなことだろう

利用者の家族が語る「介護スタッフへの感謝の気持ち」

ホームにお世話になって10年。母は、とても快適に過ごしています。やさしいスタッフのみなさんに囲まれて、毎日が楽しく、とても充実しています。お陰さまで元気に百寿を迎えることができました。これからもどうぞよろしくお願いいたします。
※イラストの銀杯（国から）と花びん（東京都から）は、百寿のお祝いとして頂いた品々です。

最後にチェックしてみよう！

◎とてもよくできる　○できる　△もう少し練習が必要　×できない

【パートⅠ】

		できること
A		家族の面会の場面について話すことができる。
B		利用者さんの家族に対してより良いサービスが提供できるように、気をつけることについて話すことができる。
C		家族が面会に来たとき、また帰るとき、適切にあいさつをすることができる。

【パートⅡ】 ロールプレイ

		できること
D		電話による利用者さんの家族からの外泊依頼について、適切に対応することができる。
E		利用者さんの家族からプレゼントを受け取ったことについて、リーダーに相談することができる。

【パートⅢ】

		できること
F		利用者さんの家族の面会や、外出に関する申し送りを聞くことができる。
		利用者さんの家族の面会や、外出に関する申し送りをすることができる。
G		利用者さんの家族からの要望やクレームに対応するために、注意すべきことについて話すことができる。

楽しい読み物

ことば・文化・介護のこころ

このテキストの「おしゃべりのタネ」から、利用者さんや介護スタッフと「おしゃべりの花」がたくさん咲きましたか？　ここからは楽しい読み物を通して、もっとたくさんの「おしゃべりの花」を咲かせましょう。そうすれば、みなさんの介護の仕事がもっと楽しく、みなさんの日本語もさらに上手になるでしょう。

【ことば】

【文化】

【介護のこころ】

【ことば】 1.「あいさつ」は人をつなぐ

利用者さんとのコミュニケーションで大切なことの一つに「あいさつ」があります。たとえば朝、利用者さんと顔を合わせたら、笑顔で「おはようございます」とあいさつしましょう。できれば、利用者さんの名前を呼びながらあいさつをすると、より良い関係を作ることができます。「田中さん、おはようございます。今日は暑いですね」、こんな一言が利用者さんのこころを温かくしてくれます。

また、お礼を言いたいときには、「ありがとうございます」と、はっきり伝えます。いろいろなバリエーションがありますので、場面や関係性に合わせて使い分けるようにしましょう。

(友達同士)　ありがとう。
(ていねいに)　ありがとうございます。
(気持ちをこめて)　どうもありがとうございます。

謝るときには「すみません」、もっとていねいに気持ちを伝えたいときには、「申し訳ありません」「申し訳ございません」などと言います。

先に帰るときには他の人に対して「お先に失礼します」と言って施設を出ましょう。スタッフが先に帰る場合には、「お疲れさまでした」などの言い方があります。ときどき現場で使われる「ご苦労さまでした」は、使わないようにしてください。

あいさつをするときに大切なことは、ことばだけではなく、しっかり相手の目を見て、笑顔であいさつすることです。これだけで人間関係はどんどん広がっていきます。

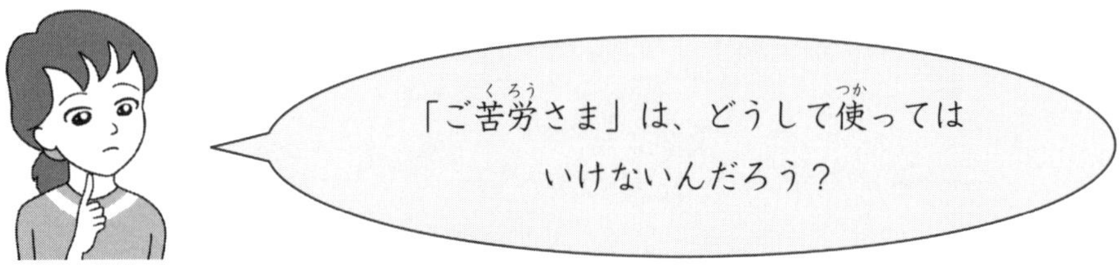

「ご苦労さま」は、どうして使ってはいけないんだろう？

【ことば】 2．からだの慣用句と友達に

日本語には、からだを使った慣用句がたくさんあり、それが日本語を豊かにしています。ここでは、からだに関係した慣用句を学びましょう。介護現場に入ったばかりのグエンさんは、こんな経験をしました。

木村　：グエンさん、今、手が空いてる？
グエン：えっ？　あのぅ（「手が空いている」って、何だろう）。
木村　：あ、……今、時間がある？
グエン：はい、大丈夫です。何でしょうか。

「手が空いている」というのは、手に何も持っていないということではありません。仕事が落ち着いて、時間ができたことを意味します。木村さんがすぐに言いかえてくれたので、グエンさんは助かりました。介護現場では、よく使われますので、覚えておきましょう。では、いくつか例をあげますので、どういう意味か考えてみてください。もしわからない場合は、同僚に聞いたり、利用者さんと話してみたりするといいですね。

（1）　アグス：あのぅ、ハラル食を売っている店の店長を知っていますか。
　　　木村　：ああ、それならセンター長に聞いてみたらどう？
　　　　　　　センター長は、顔が広いから。
　　　アグス：（顔が広い……）

（2）　グエン：春田さんは、ケーキがお好きですね。
　　　春田　：ええ、私は甘いものに目がないんですよ。
　　　グエン：（目がない……）

（3）　リン：あれっ、夏川さん。お菓子、残していらっしゃいますね。
　　　夏川：いやぁ、ちょっとこれは口に合わなくてねぇ。
　　　リン：（口に合わない……）

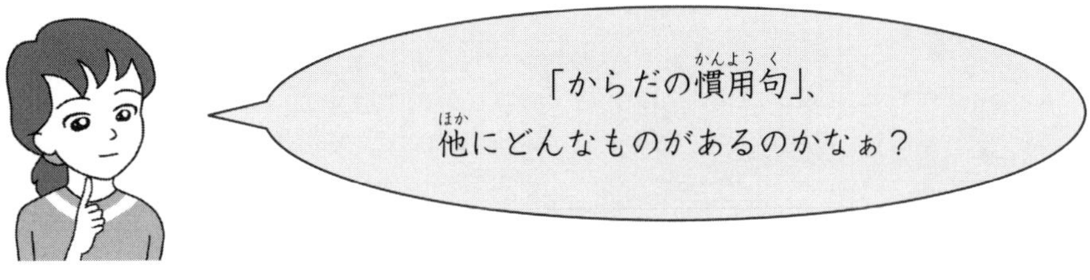

「からだの慣用句」、
他にどんなものがあるのかなぁ？

【ことば】 3．オノマトペで味つけを

日本語にはたくさんのオノマトペ（擬音語・擬態語）があります。オノマトペは音、動作、様子、情景のイメージやニュアンスを伝えるのにとても便利です。ここでは、からだに関する慣用句をいくつかあげておきましょう。あとは現場で気がついたことをメモしたり、ノートにまとめたりしながら、オノマトペに親しんでください。

春田：　あぁ、歯が痛い。ズキズキ痛い。薬がほしいんだけど……。
グエン：それは大変ですね。ちょっと待っていてください。今、取ってきます。

夏川：　頭が割れるように痛い。ガンガン痛くて……。
アグス：えっ、それは大変ですね。今すぐ、看護師さんを呼びますね。

秋本：あぁ、なんだかムカムカする。気持ちが悪くて……。
リン：そうですか。吐き気がしますか。

冬山：なんだかゾクゾクする。熱でもあるんじゃないかな。
木村：そうですか。心配ですね。今すぐ体温計を持ってきますね。

オノマトペは、使われてきたそれぞれの社会の文化が入り込んでいて、簡単なことばで気持ちや状況をみごとに表しています。日本語にはたくさんのオノマトペがありますが、少しずつ楽しみながら増やしていくといいと思います。

点があるかないかで、イメージが違うなぁ。
「さらさらした肌」と「ざらざらした肌」では……

【ことば】 4.「短縮語」に慣れよう

日本語にはたくさんの短縮語があります。日常生活でよく使うものとして、「コンビニ」「スマホ」「パソコン」などがありますが、介護の現場でもたくさんの短縮語が使われます。こうした短縮語のルールを知っておくと便利です。ことばが２つつながってできている場合は、それぞれのことばから取って一語にする場合が多いです。

・食介（しょっかい）＝食事介助（しょくじかいじょ）
・個浴（こよく）＝個人入浴（こじんにゅうよく）
・ケアマネ＝ケアマネジャー：*care manager*
・リハパン＝リハビリパンツ：*rehabilitation pants*
・Ｐトイレ＝ポータブルトイレ：portable toilet

また、「カンファ」「トランス」のようにことばの頭を取って短縮語にしているものもあります。

・カンファ＝カンファレンス：*conference*
・トランス＝トランスファー：*transfer*

ただし、それぞれの介護の現場によって、短縮語が違う場合もありますので、その点に注意してください。また、若者の間では、流行語のように新しい短縮語が日々生まれています。そういうことばは、わからないときには、「どういう意味ですか」と相手に聞いてみましょう。そこから「話のタネ」が生まれ、楽しい会話が始まることもあります。いくつか記しますが、何年か経ったら、「そんなことばがあったんですか」と言われるようになっているかもしれません。

・あけおめ → あけましておめでとうございます
・とりま → とりあえずまあ

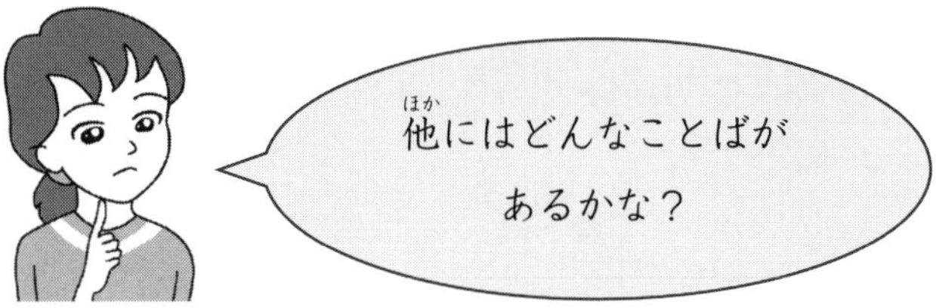

【ことば】　5．利用者さんの名字に注目

利用者さんは、かけがえのない存在です。利用者さん一人ひとりを尊重したかかわりをしていくことが大切です。「おじいちゃん」「おばあちゃん」と呼ぶのではなく、きちんと「○○さん」と名前を呼ぶようにしましょう。

日本人の名字は、たくさんの種類があります。また、同じ漢字でも、読み方が違ったりします。でも、名札などには、ふりがなが振ってあることが多いので、心配はいりません。わからないときは周りの人に聞いたり、本人に聞いたりしましょう。「何とお読みしますか」と聞いた後は、「ご出身はどちらですか」「その地域には、おおぜいいらっしゃるのですか」などと質問するといいですね。では、日本の名字で、多い順番に10位まであげてみましょう。

1．佐藤	2．鈴木	3．高橋	4．田中	5．伊藤
6．渡辺	7．山本	8．中村	9．小林	10．加藤

森岡浩（2012）『なんでもわかる日本人の名字』朝日文庫

名字の中には、とてもユニークなものもあります。たとえば、日本で一番多い「佐藤」ですが、宮崎県には「砂糖」と書く名字もあります。また、よくあることばが名字として使われているケースもあります。

金持（かねもち・かなじ）　祭（まつり・さい）　幸福（こうふく）

漢字はとても簡単なのですが、読み方が難しいものもあります。その名字の由来などを調べてみるのもいいですね。数字を使った珍しい名字には、次のようなものがあります。

四月一日（わたぬき）　七五三（しめ、なごみ）　九十九（つくも）

みなさんの中には「漢字は苦手」という人がいるかもしれませんが、漢字の形を楽しみ、ストーリーを作り、自由に遊んでみてください。「漢字は友達！」ということは、とても大切だと思います。利用者さんの名字も、楽しみながら覚えていくといいですね。

【文化】 6．長寿のお祝いを知ろう

日本では、長寿をお祝いする習慣があります。本来は「数え年」で祝うものですが、最近では満年齢で祝うことが増えてきました。みなさんの国・地域では、どんなお祝いがありますか。

【還暦】（かんれき）60歳

十二支が一回りして、もとの干支に戻るということで60歳を祝います。「赤ちゃんに戻る」ということから、赤いものをプレゼントします。

【古稀】（こき）70歳

杜甫の詩「人生七十古来稀なり」から来ています。

【喜寿】（きじゅ）77歳

草書体で「喜」を書くと、「七」と「十」と「七」になります。

※「草書体」は、漢字の書体の一つ

【傘寿】（さんじゅ）80歳

「傘」の略字は「仐」です。これは、「八」と「十」に見えます。

【米寿】（べいじゅ）88歳

「米」という漢字は、「八」と「十」と「八」からできています。

【卒寿】（そつじゅ）90歳

「卒」は「卆」とも書きますが、これは「九」と「十」を重ねた字になります。

【白寿】（はくじゅ）99歳

「百」から「一」を引くと「白」になります。

さくらホームの４人の利用者さんは、長寿のお祝いの年齢です。どのお祝いか、チェックしてみましょう。

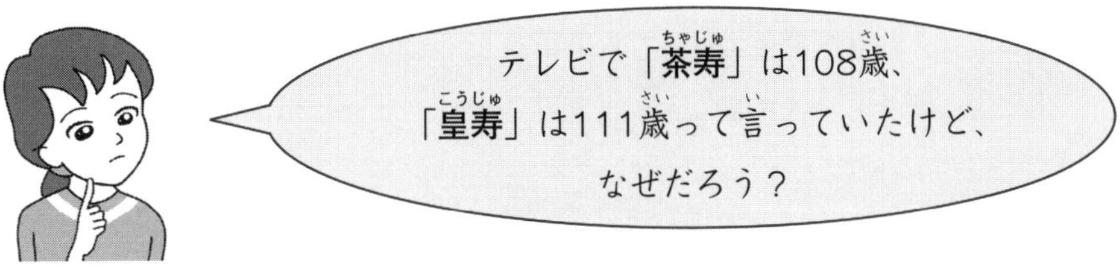

テレビで「茶寿」は108歳、
「皇寿」は111歳って言っていたけど、
なぜだろう？

【文化】 7．俳句・川柳を楽しもう

利用者さんの中には、俳句が大好きな人もいるので、施設によっては、定期的に「俳句を作る会」をやっているところもあります。俳句とは、季節のことば（季語）を入れて、「５・７・５」の17文字で作る、世界で一番短い詩です（「字余り」「字足らず」の句もあります）。
ここで、春の句を一句紹介しましょう。

たんぽぽや　日はいつまでも　大空に（中村汀女）

では、俳句に関係のあるなぞなぞを出します。次の４つの中で、「春の季語」はどれでしょうか。ヒントは「漢字の読み方」です。

①婚活　　②就活　　③独活　　④終活

俳句を作ることで、毎日の生活が楽しくなります。俳句を作っていると、すぐ時間が過ぎていきます。また、野原に咲いている花、遠くに見える山、道を歩いている親子……、みんな「俳句のタネ」になります。

次は、川柳です。川柳も「５・７・５」で作りますが、俳句と違って季語を使う必要はありません。生活の中で見たこと、感じたことを短いことばで表すことができる楽しいことば遊びです。次の川柳は利用者 Aさんのご家族が作られた川柳です。Aさんは大正10年(1921年)生まれで、大正→昭和→平成→令和と生き、百寿・紀寿（100歳）を迎えられました。

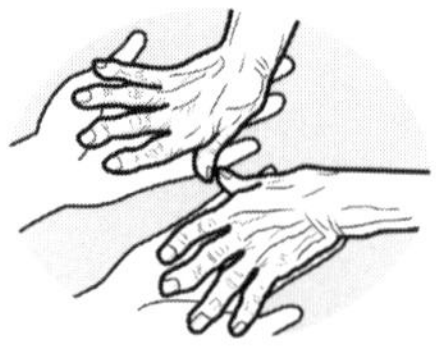

四元号 生きたあかしの 甲のしわ（孝行息子）

最後に、留学生が授業で作った川柳を紹介したいと思います。

日本人に　私が敬語を　教えてる！（キム：韓国）
夢の中　ばあちゃんの歌　日本語で?!（ナターリャ：ロシア）

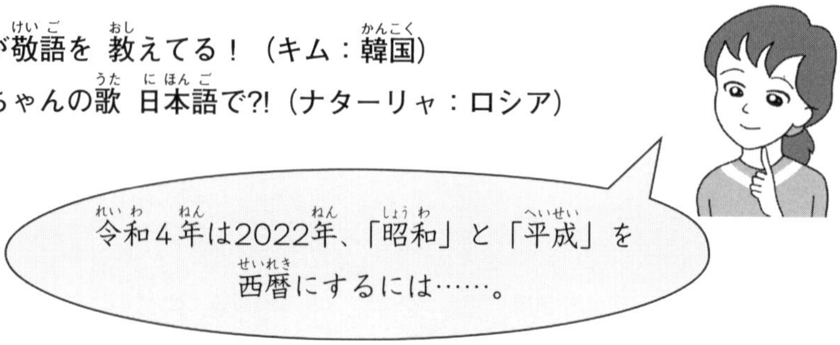

令和４年は2022年、「昭和」と「平成」を
西暦にするには……。

【文化】 8．なぞなぞやクイズで遊ぼう

「なぞなぞ」とは、ことばや文章などの中に、ある意味を隠して質問をし、相手がその意味を当てるということば遊びです。介護施設のレクリエーションでも利用者さんが楽しんでいます。では、いくつかなぞなぞを出してみましょう。答えはみなさんで考えてみてください。わからないときは、利用者さんや同僚に聞いてみてください。それでもわからないときは、ネットで調べてみましょう。

みなさんも日本語でなぞなぞを作って、利用者さんと一緒に楽しむのもいいですね。

1) かけたり割ったりできるけど、足したり引いたりできないものは何？

2) 遠くにあっても、近くにあるというお店は何？

3) アイデアがたくさん詰まったパンは？

4) パンはパンでも食べられないパンは？

5) とってもとっても減らないものは？

次は「記念日クイズ」です。みなさんは**介護の日**はいつか知っていますか。答えは、**11月11日**ですが、これにはいろいろな説があります。一つは、介護の日のキャッチコピーである「**いい日、いい日、毎日、あったか介護ありがとう**」から来ています。いろいろな記念日を知っていると、クイズを出し合って楽しむことができます。

お風呂の日	2月6日	野菜の日	8月31日
ネコの日	2月22日	犬の日	11月1日

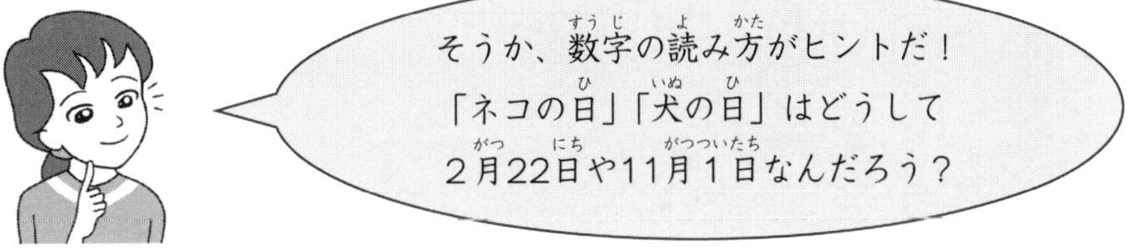

そうか、数字の読み方がヒントだ！
「ネコの日」「犬の日」はどうして
2月22日や11月1日なんだろう？

【文化】 9．日本のお祭り文化

日本では、各地方・地域でさまざまなお祭りが行われています。神様に感謝することを目的とし、おみこしをかついだり、踊りを踊ったりします。また、屋台の食べ物なども生活の楽しみの一つになっています。新しく町おこしのために、住民が作り上げていったお祭りもあります。

利用者さんに「ふるさとのお祭り」について聞いてみるのもいいですね。きっとなつかしいふるさとを思い出しながら、話してくださることでしょう。また、みなさんの国のお祭りについて利用者さんに伝えるのも、良い交流になると思います。今は、自由に旅行ができなくなった利用者さんにとって、世界のさまざまな国の文化を知ることは、大きな楽しみになります。

日本の文化が大好きで、日本語学校に入学し、その後大学に進学したセツさんは、こんなことを言っていました。みなさんもぜひ日本のお祭りを楽しんでください。

日本の文化・日本社会をもっともっと知りたいと思って日本に来ました。それには、お祭りが一番ですね！　みんなで力を合わせて作るのが、すごいです。だから、日本語学校にいるときから、近所のお祭りだけじゃなくて、あちこちのお祭りに出かけました。今年の夏休みは、東北に行きました。3つの大きなお祭りは、本当にすばらしかったです。

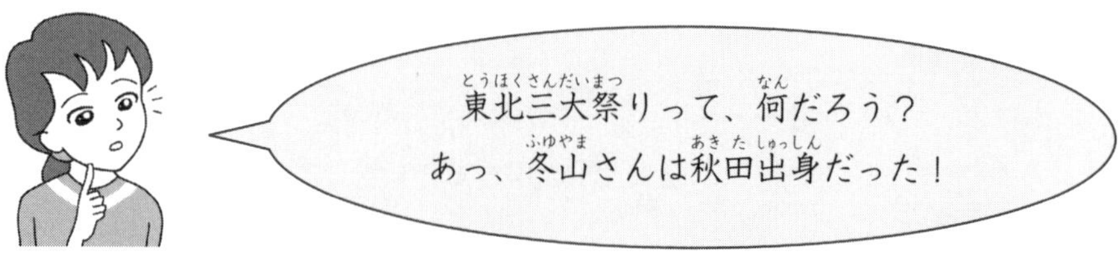

東北三大祭りって、何だろう？
あっ、冬山さんは秋田出身だった！

【文化】 10. ジェスチャーの文化比較は、おもしろい

ジェスチャーは、国や地域によって意味が違うことがあるので、気をつけなければなりません。ここでは、３つの例をあげてみましょう。

【A】は、日本では「私は花子です」というジェスチャーです。こんなエピソードがあります。田中先生が自分の鼻をさしながら、「私は、田中です」と何度も言ったので、アメリカの学生さんは「『たなか』は、「鼻」という日本語だ」と思ってしまったのです。アメリカでは、胸のあたりを指して「スミスです」と言います。みなさんの国では、どのようにしますか。

【B】は、日本では「来て、来て」という手招きのときに使います。しかし、アメリカでは反対に「あっちへ行って」という意味で使います。まったく逆の意味になってしまいます。

【C】は、日本では「さようなら」という意味で使いますが、他の国では、「めんどうくさい」「関わりたくない」など違う意味で使われています。

数を数えるときに、指をどのように出すかについても、国によって違います。一つだけクイズを出しましょう。これは、中国ではどんな数字を表していると思いますか。

国によって、数え方が違うんだ。
他にどんな数え方があるんだろう？

【介護のこころ】 11.「食べる力」は「生きる力」

利用者さんにとって、「食事の時間」「おやつの時間」は大切な時間です。食べることの楽しみは「生きる力」にもつながります。介護施設では、できるだけ口から食べられるようにしたいと、食べ物を軟らかくしたり、細かくして出したりしています。それでも食べにくい利用者さんには、食事の前に口腔体操に取り組み、食べやすい状態を作るようにしています。それは、食べる力は生きる力だからなのです。元気に食べる力は、「笑顔で、幸せに生きる力」となります。

日本には、春、夏、秋、冬の四つの季節があります。それぞれの季節には、特別な行事があり、そのときに食べる特別な食べ物・料理があります。そこで、介護施設では、それぞれ工夫をして行事食を出しています。季節の移り変わりを感じることのできる行事食は、利用者さんにとって楽しみの一つであり、食欲を高めることにもつながります。

また、ある施設では、利用者さんのお誕生日にはリクエストメニューを用意したり、中には利用者さんと一緒に行事食を考えたりする施設もあります。さて、みなさんだったら、どんな行事食を考えますか。

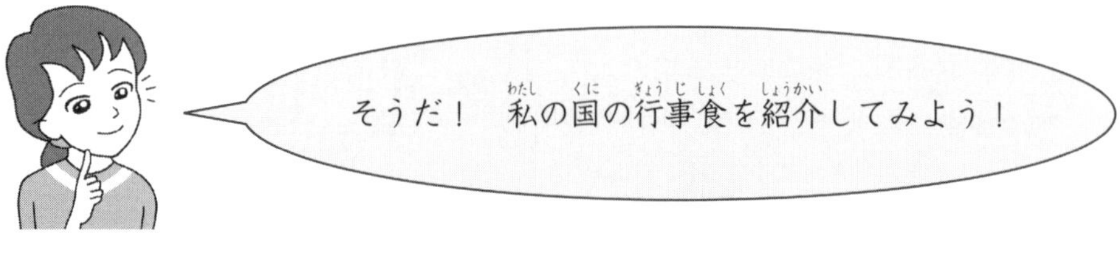

そうだ！　私の国の行事食を紹介してみよう！

【介護のこころ】 12. 人をつなぐ方言

利用者さんとのコミュニケーションが大切な介護現場では、ことばが大きな力を持ちます。日本語には、敬語、ていねいなことば（です・ます体）、くだけた言い方（友達ことば）がありますが、介護現場では、利用者さんや家族の方はほとんど年長者ですので、ていねいなことばで対応しましょう。ときには敬語を使うことも大切です。ときどき「くだけた言い方のほうが、親しみがあっていい」と考え、利用者さんに「いいね」「行くよ」などと使う人がいますが、それはやめましょう。

みなさんにとって困ることの一つに日本の方言があります。しかし、方言は、人々の生活に密着していることばで、気持ちを表すのに最適です。利用者さんも、ふだん共通語を使っていても、何かの折には方言を使いたくなるものです。わからないと誤解が生じることもあるので、介護施設がある地域の方言は、代表的なものだけでも知っておくことが大切です。方言には、人間関係の潤滑油、つまり、人との関係をうまく進める効果があります。

しかし、介護施設には、さまざまな地方出身の方がいらっしゃる場合もあるので、会話の中で知らないふるさとの方言が出てくるときもあります。そんなときは、利用者さんに「〇〇って、どういう意味ですか」などと聞いてみるのもいいですね。

ここに、7つの方言がありますが、みなさんはいくつわかりましたか。

① 「ゴミを投げる」（北海道・東北）

② 「残業しすぎて、こわい」（北海道・東北）

③ 「今日のおやつは、はんごろしですよ」（富山）

④ 「一緒にしんでよ」（愛知）

⑤ 「ちょっとかって来て」（関西）

⑥ 「この戸は、のうが悪いねえ」（高知）

⑦ 「どっからきんしゃったと？」（福岡）

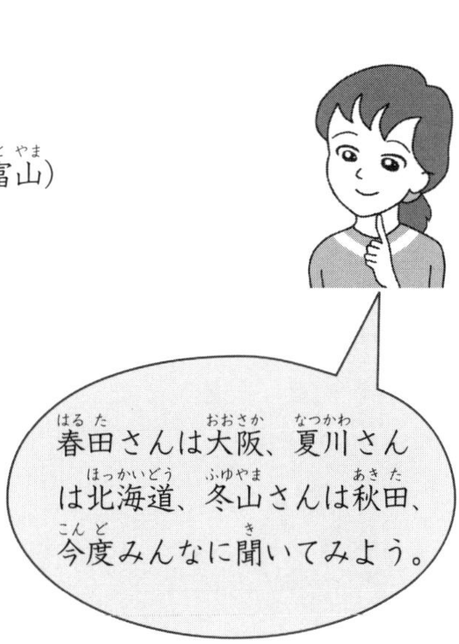

春田さんは大阪、夏川さんは北海道、冬山さんは秋田、今度みんなに聞いてみよう。

【介護のこころ】 13. 認知症の利用者さんに寄り添う

留学生が介護施設でアルバイトを始めたばかりのとき「認知症の人に会ったことがないので、ちょっと戸惑いました」という話を聞くことがありました。

認知症と、年を取ることによる「物忘れ」との違いは何でしょうか。物忘れは「食事をしたが、何を食べたか忘れる」「旅行に行ったが、地名を忘れる」ということですが、認知症は「食事をしたこと自体を忘れる」「旅行に行ったこと自体を忘れる」ということです。

また、認知症の利用者さんは、そういった自分の状態がわかっていないので、こちらがヒントを出しても思い出すことができません。ときには、「財布がない。Ａさんが財布をとった」といった妄想が起こってくることもあります。こうしたことがあっても、利用者さんのこころに寄り添いながら、対応をすることが大切です。

しかし、認知症は「何もできなくなること」ではありません。自分が得意なこと、特に昔覚えたことや身につけたことは、なかなか忘れないものです。認知症の利用者さんに接するときには、うまくできないことはサポートし、得意なことは利用者さんに任せるようにすることが大切です。認知症の症状にばかり目を向けるのではなく、**利用者さんの尊厳**を大切にした介護をこころがけましょう。

私（嶋田）がホームヘルパー２級（現在は、介護職員初任者研修）の実習で、レクリエーションのサポートをしているときのことです。座ったままボールを投げてターゲットに当てるという「ボール投げゲーム」だったのですが、利用者Ｂさんは、いすから立ち上がってターゲットにボールを置こうとしたのです。Ｂさんは、とても背が高く腕が長い方で、認知症の方でした。

Ｂさんの動作を見て、介護スタッフが「立たないでくださいね。ボールは置かないで、投げてください」とアドバイスしました。すると、Ｂさんの口からは、「**置くと投げるの物理的差異は何ですか**」ということばが出てきました。この発話に私は驚くとともに、「きっとこのことばの裏には、Ｂさんが若いころ生き生きと仕事をしていた何かが隠れている」と思いました（その後、Ｂさんとおしゃべりする時間がなかったのが残念でした）。

ちょっとした利用者さんのことばって、
大切なんだなぁ……。

【介護のこころ】 14.「一番輝いていたとき」を大切に

私（嶋田）がホームヘルパー２級（現在は、介護職員初任者研修）の資格を取るために通った講習会で、校長先生がおっしゃった次のことばが強く印象に残っています。

> 利用者さんが「一番輝いていた時代のこと」を思い出してもらうことが大切です。私は必ず入所時に「ご自分が一番輝いていた時代のこと」を話してもらうようにしています。その利用者さんが言えないときには、ご家族の方に語っていただきます。ビジネスマンは現役時代だったり、あるご婦人は子育てをしていた時代だったり、ある方にとっては少女時代だったり……人それぞれなんですね。その個別性を大切にすることが一番です。

介護施設で利用者さんに接するときには「今、ここの姿」しか見えなくなりがちですが、その方が歩いてきた人生に目を向けることが大切です。元気だった時代のこと、小さいころの思い出の話になると、会話はどんどん進みます。

新潟出身のある利用者さんは、親戚の人から贈られた俳句を見て、幼いころのことを30分も語り続けました。

石段に　団栗ひとつ　羽黒山
長きもの　越後の冬と　禅の行

利用者さんの話を引き出すには、「聴く力」が求められます。ちょっと「聴」という漢字を見てください。左側には「耳」という漢字、右側の上は「十」と「罒」ですが、「罒」を90度回転させると、「十」と「目」になります。右側の下には「心」という漢字があります。つまり、「聴」という漢字は、「耳で聞いて、十分に目で相手の表情を見て、心に落として聴く」ということなのです。

また、聴くときには、「あいづち」も大切です。ある介護スタッフがこんなことを言っていました。

「日本人の友だちと話をしていても、話がすぐ終わってしまって……」
「日本人と話しているとき、『わかった？』って、よく確認されるんです」

これは、あいづちがうまく使えていないために起こっていると言えます。また、あいづちはイントネーションによって意味が違ってくることにも気をつけましょう。

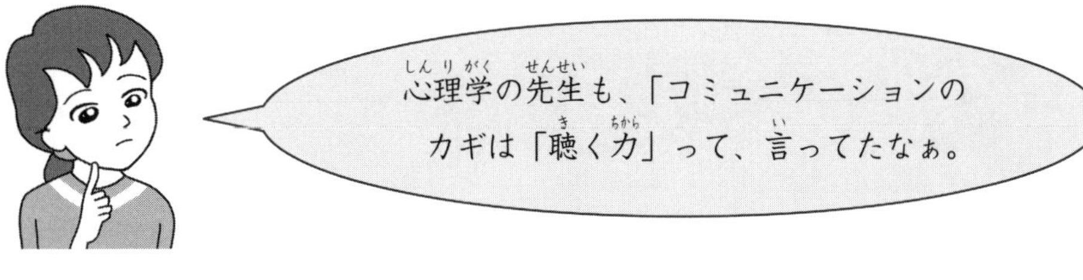

心理学の先生も、「コミュニケーションのカギは「聴く力」って、言ってたなぁ。

【介護のこころ】 15. 人生の最終章に寄り添う「介護」という仕事

介護には、食事介助、入浴介助、排泄介助、移動介助をはじめ、さまざまな仕事があります。たしかに大変な仕事ではありますが、多くの介護スタッフが、やりがいと楽しさを感じながら仕事をしています。では、人生の最終章に寄り添う「介護」という仕事では、利用者さんとのコミュニケーションで、どんなことに気をつけたらいいでしょうか。まずは、お互いの信頼関係を築くことが大切です。そのためには次のようなことに気をつけましょう。

- **利用者さんの尊厳を守ること。**
- **利用者さんに安心してもらえる雰囲気を作ること。**
- **利用者さんの立場に立って、気持ちに寄り添うこと。**
- **ことばだけではなく、非言語コミュニケーションも大切にすること。**

「介護」という漢字の意味を考えてみましょう。【介】は「助ける、間に入る」、【護】は「見守る、大切なものとして扱う」という意味の漢字です。つまり、「利用者さんのことを気にかけて、目を離さずに温かく見守ること」、それが「介護」という仕事であると言えます。

介護にはいろいろな仕事がありますが、その柱として「利用者さんの自立をサポートすること」があります。介護とは、利用者さんの「夢」に向き合い、人生の最終章に寄り添うことなのです。 そして、介護士にとっても、「人生の先輩」である利用者さんからたくさんのことを学ぶことができます。介護という仕事は、仕事をしながら「人生を学ぶ」ことができる魅力的な仕事です。

最後に、「日本語の中で一番好きなことばは何ですか」という質問に対する介護スタッフの答えを紹介したいと思います。

Ａ：利用者さんが言ってくれる「ありがとう」ということばです。わたしは、このことばを聞くと、こころが温かくなります。

Ｂ：「やさしい」です。利用者さんから「〇〇さんはやさしいね」って、笑顔で言われると、疲れがどこかへ行ってしまいます。

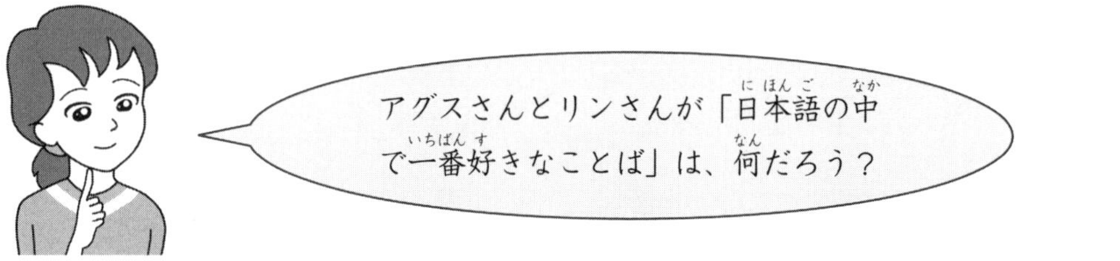

アグスさんとリンさんが「日本語の中で一番好きなことば」は、何だろう？

留学生による介護短歌

四国大学では、2022年度「外国人留学生介護短歌コンテスト」を実施しました。初めての試みでしたが、みなさんとても真剣に、そして楽しそうに取り組んでいたそうです。ここで、6首の介護短歌を紹介したいと思います。どの作品も介護という仕事の意義、やりがいなどについて、みごとに表現しています。

利用者の 笑顔を見ると 癒される 仕事の疲れ 意欲に変わる
（リン・ベトナム）

就寝後 いつもやさしい おじいさん にこりと笑顔「明日も元気で」
（チャン・ベトナム）

介護とは やりがいがある きつくても みんなの笑顔 守りたいもの
（トウ・中国）

利用者さん 朝起きてから 身だしなみ 整え今日も いい一日を
（チー・ベトナム）

介護とは 不自由な方の 身の回り 援助をしたり 自立を支援
（イン・中国）

介護する 笑顔をみたい やさしくて 家族のような 利用者さんの
（カン・中国）

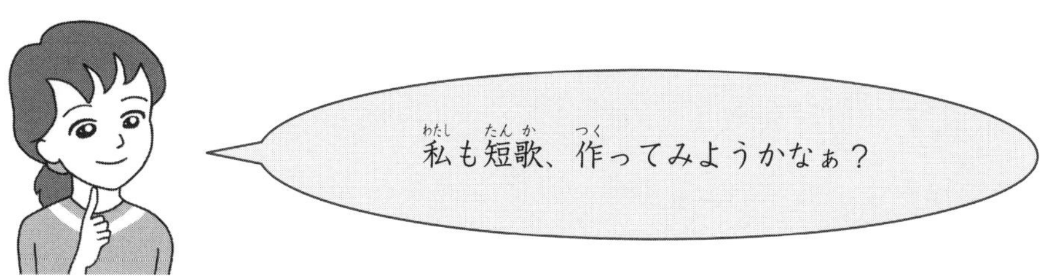

著者：嶋田和子
アクラス日本語教育研究所代表理事。2012 年に訪問介護員 2 級養成研修課程（現・介護職員初任者研修）修了。著書に『できる日本語』シリーズ（アルク、凡人社）、『OPI による会話能力の評価（共著）』（2020 年、凡人社）など多数。

監修：小倉和也
四国大学短期大学部 人間健康科 介護福祉専攻 准教授。2007 年より介護福祉士養成施設の専任教員。2016 年より外国人留学生の介護福祉教育にも従事。

イラスト：油川美和
日本語講師。教材イラストレーター。2019 年、介護職員初任者研修修了。

人とつながる　介護の日本語

発行日：2022 年 11 月 24 日（初版）

著者：嶋田和子
監修：小倉和也
編集：株式会社アルク日本語編集部、株式会社エンガワ
編集協力：元木佳江（四国大学 全学共通教育センター 准教授）
翻訳：Do Thi Hoai Thu（ベトナム語）、ロガータ合同会社（英語、インドネシア語）
イラスト：油川美和
デザイン・DTP：朝日メディアインターナショナル株式会社
ナレーション：茜月祐衣香、秋本正伸、天野めぐみ、大山尚雄、三枝万里子、八十川真由美
録音・編集：クリエイティブ Kikka、渡邊努
印刷・製本：日経印刷株式会社

発行者：天野智之
発行所：株式会社アルク
〒 102-0073 東京都千代田区九段北 4-2-6 市ヶ谷ビル
Website：https: //www.alc.co.jp/

PC：7022061
ISBN：978-4-7574-4013-5

人とつながる　介護の日本語

別冊　語彙リスト

＊第１課に出てきたことばは、各課のことばには含まれていません。

＊『できる日本語シリーズ』（株式会社アルク・株式会社凡人社）の「中級」以上のことばを拾っています。

＊介護現場での使用を考え、「人手が足りない」「風邪がはやる」といった形で拾っているものもあります。

第1課　新たな一歩

パート	タスク	ことば	英語	ベトナム語	インドネシア語
I		新たな	New	mới	baru
		一歩	Step	một bước	langkah
		職場	Workplace	nơi làm việc	tempat kerja
		介護スタッフ	Care worker	nhân viên hộ lý chăm sóc	staf perawatan lansia
		利用者	User	người sử dụng	pengguna
		イラスト	Illustration	tranh minh họa	ilustrasi
		音声	Recording	âm thanh	suara
		介護施設	Care facility	cơ sở chăm sóc	fasilitas perawatan lansia
		声かけ	Addressing	gọi	menyapa
	A	着替え	Changing clothes	thay quần áo, thay đồ	berganti pakaian
		車いす	Wheelchair	xe lăn	kursi roda
		杖	Cane	gậy	tongkat
		サポート	Support	hỗ trợ	mendukung
	B	全員	Everyone	tất cả mọi người	semua orang
		努力	Effort	sự nỗ lực	usaha
		チームワーク	Teamwork	làm việc nhóm	kerja tim
		ホウレンソウ	Ho-Ren-So	horenso	horenso
		報告	Report	báo cáo	laporan
		連絡	Inform	liên lạc	hubungi
		相談	Consult	bàn bạc	konsultasi
		聞き返す	Ask again	hỏi lại	bertanya
II		勉強会	Study session	buổi học	kelompok belajar
		講師	Instructor	giảng viên	pengajar
	D	おやつの時間	Snack time	thời gian ăn nhẹ	saat makan ringan
	E	実践	Practice	thực tiễn	praktik
III		申し送り	Handover	bàn giao	pergantian
		時間帯	Shift	khung giờ	shift
		様子	State	vẻ, tình hình	kondisi
		ヒヤリハット	Nearly-missed accident	rủi ro bất ngờ	insiden kecil
		メモ	Notes	ghi chép	memo
		ミーティング	Meeting	họp	rapat
		注意すべき点	Points requiring caution	điểm cần chú ý	poin yang harus diwaspadai
	F	昨夜	Last night	đêm qua	tadi malam
		睡眠時間	Sleeping hours	thời gian ngủ	waktu tidur
		見回り	Patrol	nhìn quanh	patroli

		落ち着いて	Calm	bình tĩnh	tenang
		起床	Getting out of the bed	thức dậy	bangun
		平常通り	As usual	như thường lệ	seperti biasa
	G	状態	Condition	trạng thái	kondisi
		引継ぎ	Taking over	bàn giao	penyerahan
		正確に	Accurately	chính xác	akurat
		事実	Facts	sự thật	fakta
		ポイントを押さえる	Identify important points	nhấn vào điểm chính	menekankan poin-poin
		理解する	Understand	lý giải, hiểu	memahami

第２課　朝の整容

パート	タスク	ことば	英語	ベトナム語	インドネシア語
I		整容	Cosmetic cleaning	chỉnh trang dung nhan	perawatan diri
		髪をとかす	Comb the hair	chải tóc	menyisir rambut
		身だしなみ	Appearance	dung nhan	penampilan
		整える	Take care	chỉnh trang	merawat
		整髪	Hairdressing	chỉnh tóc	tatanan rambut
		鏡	Mirror	gương	kaca
		ひさしぶりに	Since a long time	lâu lắm rồi	setelah sekian lama
	A	お団子ヘア	Chignon	tóc búi	rambut sanggul
		振る	Wave	rung chuyển	melambai
		三つ編み	Braid	bện ba, tết tóc ba	kepang
	B	根元を押さえる	Hold the base of the hair	giữ phần chân	menekan akar
II		爪が伸びる	Nails are getting long	móng (chân, tay) dài ra	kuku memanjang
		美容師	Cosmetologist	chuyên gia thẩm mỹ	penata rambut
	D	すっきりする	Feel better	nhẹ nhõm	enak
		めんどうだ	Annoying	phiền phức	merepotkan
		爪切り	Nail clipper	cắt móng (chân, tay)	gunting kuku
	E	増やす	Increase	tăng	menambah
		費用	Cost	chi phí	biaya
		喜ぶ	Be happy	vui, mừng	bahagia
		利用者さんの声	Voices of users	ý kiến của người sử dụng	pendapat pengguna
III	F	充血	Hyperemia	truyền máu	hiperemia
		洗顔	Wash the face	rửa mặt	cuci muka
		看護師	Nurse	hộ lý	perawat
	G	清潔に保つ	Maintain the body clean	giữ gìn sạch sẽ	menjaga kebersihan
		前向きにする	Be positive	làm một cách tích cực	membuat positif

		理解力	Capacity to understand	khả năng tiếp thu, khả năng lý giải	pemahaman
		汚れ	Dirt	bẩn	kotoran
		判断力	Capacity to judge	khả năng phán đoán	kemampuan menilai
		始まり	Start	bắt đầu	awal
		リズム	Rhythm	nhịp điệu	ritme

第3課　口腔ケア

パート	タスク	ことば	英語	ベトナム語	インドネシア語
Ⅰ		口腔ケア	Oral care	chăm sóc răng miệng	perawatan oral
		気分	Feeling	tâm trạng	perasaan
		さわやか	Refresh	thoải mái	segar
		予防	Prevention	ngăn ngừa	pencegahan
		入れ歯	Dentures	răng giả	gigi palsu
	A	外す	Remove	tháo	melepas
		洗面器	Washbowl	bồn rửa mặt	wastafel
		入れ歯ケース	Denture case	khay đựng răng giả	wadah gigi palsu
	B	うっかり	Accidentally	lơ đễnh	tidak sengaja
		排水口	Outlet	rãnh thoát nước	lubang drainase
Ⅱ		セミナー	Seminar	hội thảo	seminar
		新人	Novice	người mới	orang baru
	D	歯ブラシ	Toothbrush	bàn chải đánh răng	sikat gigi
	E	事例	Case example	ví dụ	contoh
Ⅲ	F	ひび	Crack	vết nứt	retakan
		昼食	Lunch	bữa trưa	makan siang
		支える	Hold in position	hỗ trợ, gánh vác	menopang
	G	機能	Function	chức năng	fungsi
		認知症	Dementia	chứng suy giảm trí nhớ	demensia
		重要だ	Important	quan trọng	penting
		口臭	Bad breath	hôi miệng	bau mulut
		防ぐ	Prevent	phòng ngừa, ngăn ngừa	mencegah

第4課　衣服着脱

パート	タスク	ことば	英語	ベトナム語	インドネシア語
Ⅰ		衣服着脱	Changing clothes	cởi và mặc quần áo	memakai dan membuka baju
		規則的	Regular	mang tính quy luật	rutin
		つながる	Lead to	gắn với, dẫn đến	berhubungan
		順番	Order	số thứ tự	urutan

	B	適温	Appropriate temperature	nhiệt độ thích hợp	suhu yang sesuai
		動作	Movement	động tác	gerakan
	C	汗をかく	Sweat	toát mồ hôi	berkeringat
		さっぱりする	Feel refresh	cảm thấy sảng khoái	segar
Ⅱ		通販カタログ	Mail order catalog	Catalogue bán hàng online	katalog pesanan pos
		痛める	Hurt	làm đau	menyakiti
		かぶる服	Pulled over clothes	trang phục mặc ngoài	baju tanpa kancing
		前あきの服	Buttoned clothes	trang phục có cúc, khóa kéo	baju dengan bukaan depan
		出張販売	Door-to-door selling	bán hàng tại nơi khách hàng	pembelian langsung
	D	楽だ	Easy	dễ, nhẹ nhàng	mudah
		めんどうだ	Annoying	phiền phức	merepotkan
		似合う	Suit you	hợp	cocok
	E	業者	Salesperson	công ty nhận thầu	penjual
		担当する	Handle	phụ trách	bertanggung jawab
		施設長	Director	trưởng cơ sở	pimpinan fasilitas
Ⅲ		工夫	Find a way	công phu	upaya
	F	ひじ	Elbow	khuỷu tay	siku
		ぶつける	Hit	va chạm	terkena
		洗濯物	Laundry	đồ giặt	cucian
	G	全体的に	Globally	toàn thể	secara keseluruhan
		ゆったりとした	Loose	ung dung, thong thả	longgar
		ウエスト	Waist	thắt lưng	pinggang
		ゴム	Elasticated waistband	cao su	karet
		伸縮性	Elasticity	độ đàn hồi	elastisitas
		マジックテープ	Hook-and-loop fastener	băng dính gai	velcro
		スムーズ	Smooth	thuận lợi	lancar

第5課　杖歩行

パート	タスク	ことば	英語	ベトナム語	インドネシア語
Ⅰ		歩行	Walking	đi bộ	jalan
		順番	Order	thứ tự	urutan
	A	食堂	Dining room	nhà ăn	kantin
		歩行器	Walker	dụng cụ hỗ trợ đi bộ	alat bantu jalan
	B	腕	Arm	cánh tay	lengan
		支える	Support	chống, hỗ trợ	menopang
		段	Step	bậc	tingkat
		ペース	Pace	tốc độ	kecepatan
Ⅱ	D	かっこう悪い	Look bad	dáng xấu	jelek

		お似合い	Suit	hợp	cocok
	E	腰	Lower back	lưng	pinggang
		メリット	Advantage	ưu điểm, điểm mạnh	keuntungan
		ひざ	Knee	đầu gối	lutut
		楽だ	Good	dễ, nhẹ nhàng	nyaman
		安定する	Stable	ổn định	stabil
		アドバイス	Advice	lời khuyên	saran
Ⅲ		合う	Match	hợp, đúng	sesuai
	F	動き	Movement	cử động, động thái	gerakan
		廊下	Hallway	hành lang	koridor
		四点杖	Quad cane	gậy bốn chân	tongkat kaki empat
		試す	Try	thử nghiệm	mencoba
		一本杖	T-cane	gậy một chân	tongkat 1 kaki
		こだわる	Prefer	câu nệ	rewel
	G	握り	Handle	tay nắm	pegangan
		握る	Grip	nắm	memegang
		材質	Material	vật liệu, chất liệu	material
		汗をかく	Sweat	toát mồ hôi	berkeringat
		べたべたする	Sticky	dính, nhớp nháp	lengket
		直立	Upright	thẳng tắp	tegak
		手首	Wrist	cổ tay	pergelangan tangan
		適切だ	Suitable	thích hợp	sesuai

第６課　車いす移動

パート	タスク	ことば	英語	ベトナム語	インドネシア語
Ⅰ		移動	Moving	di chuyển	perpindahan
		移る	Transfer	chuyển	berpindah
		移す	Transfer	chuyển	memindahkan
	A	振る	Wave	run	melambai
	B	忘れずに	Not forget	đừng quên	jangan lupa
		ブレーキ	Brake	phanh	rem
		フットレスト	Footrest	bàn để chân	pijakan kaki
		ペースに合わせる	Match the pace	điều chỉnh cho phù hợp với tốc độ	menyesuaikan kecepa-tan
		腰	Lower back	lưng	pinggang
		痛める	Hurt	làm đau	menyakiti
		姿勢	Posture	tư thế	postur

Ⅱ		移乗（いじょう）	Transfer	chuyển từ giường lên xe (xe lăn)	pindah
		アドバイス	Advice	lời khuyên	saran
	D	風邪（かぜ）がはやる	Cold is spreading	dịch cúm	demam menyebar
	E	浅（あさ）く座（すわ）る	Sit close to the edge	ngồi mấp mé	duduk dangkal
Ⅲ		自立支援（じりつしえん）	Self-independence support	hỗ trợ tự lập	dukungan kemandirian
		視点（してん）	Perspective	quan điểm	perspektif
		使用（しよう）	Use	sử dụng	penggunaan
	F	目（め）を離（はな）す	Look away	rời mắt	mengalihkan pandangan
		タンス	Chest of drawers	tủ đựng quần áo	laci
		立（た）ち上（あ）がる	Stand	đứng lên, đứng dậy	bangun
		支（ささ）える	Hold in position	hỗ trợ, chống	menopang
	G	転倒（てんとう）	Fall	xoay	jatuh
		不安（ふあん）	Worry	bất an	kekhawatiran
		危険性（きけんせい）	Dangerous	tính nguy hiểm	risiko
		人手（ひとで）が足（た）りない	Not enough people	thiếu nhân lực	tenaga kerja kurang
		支援（しえん）する	Support	hỗ trợ	mendukung
		歩行器（ほこうき）	Walker	dụng cụ hỗ trợ đi bộ	alat bantu jalan
		工夫（くふう）	Find a solution	công phu	usaha

第（だい）７課（か）　食事（しょくじ）の介助（かいじょ）

パート	タスク	ことば	英語（えいご）	ベトナム語（ご）	インドネシア語（ご）
Ⅰ		介助（かいじょ）	Assistance	hỗ trợ	bantuan
		こころがける	Pay attention	lưu tâm, để tâm	mengingat
		食堂（しょくどう）	Dining room	nhà ăn	kantin
	A	自力（じりき）で	By oneself	tự lực	sendiri
	B	水分補給（すいぶんほきゅう）	Rehydration	bổ sung nước	hidrasi
		おかず	Side dish	thức ăn	makanan pendamping
		バランス	Balance	sự cân bằng	seimbang
		量（りょう）	Quantity	lượng	kuantitas
Ⅱ		何（なん）とか	Try	một điều gì đó, một kết quả gì đó	bagaimanapun
	D	とうふ	Tofu	đậu phụ	tahu
		たまご焼（や）き	Omelet	trứng rán	telur gulung
	E	さっぱり味（あじ）	Fresh taste	vị thanh đạm	rasa segar
		気（き）に入（い）る	Like	thích	suka
		こころ強（づよ）い	Feel confident	mạnh mẽ	yakin
Ⅲ		充実（じゅうじつ）した	Fulfilling	đủ đầy	telah memenuhi

		生活を送る	Life	sống cuộc sống	menjalani hidup
	F	誤嚥	Aspiration	ăn qua ống thông	aspirasi
		むせる	Choke	nghẹn	tersedak
		さする	Rub	xoa	menggosok
		落ち着く	Calm	bình tĩnh	tenang
		再開する	Resume	mở lại, làm lại	melakukan kembali
		スピードを落とす	Slower	giảm tốc độ	mengurangi kecepatan
		角度	Angle	góc độ	sudut
	G	豊かに生きる	Rich life	sống một cách phong phú	hidup sejahtera
		合わせる	Match	điều chỉnh cho phù hợp	menyesuaikan
		一口	Mouthful	một miếng	1 suapan

第８課　排泄の介助

パート	タスク	ことば	英語	ベトナム語	インドネシア語
I		排泄	Excretion	bài tiết (đại tiểu tiện)	ekskresi
		介助	Assistance	hỗ trợ	bantuan
		ポータブルトイレ	Portable toilet	nhà vệ sinh di động	toilet portabel
	A	下ろす	Pull down	dỡ, hạ xuống	menurunkan
		脇	Under the arm	nách, bên cạnh	samping
		抱える	Hold	ôm, cầm	memegang
		バスタオル	Bath towel	khăn tắm	handuk
	B	足元	Foot	bàn chân	kaki
		基本	Basically	cơ bản	dasar
		移る	Transfer	chuyển	memindahkan
		見守る	Watch over	bảo vệ	menjaga
		さく	Safety rails	rào chắn	pagar
		つかまる	Hold	bắt được, tóm được	memegang
		手すり	Handrail	tay vịn	pegangan
		危険性	Dangerous	sự nguy hiểm	risiko
II		排泄ケア	Excretion care	chăm sóc việc đại, tiểu tiện	perawatan ekskresi
		ロボット	Robot	người máy	robot
		研修会	Training workshop	buổi tập huấn	workshop
		関心がある	Interested	có quan tâm	tertarik
		対応する	Handle	đối ứng	merespons
	D	家具調	Like a piece of furniture	phong cách nội thất	gaya furnitur
		感じ	Look	cảm nhận	terasa
	E	取り入れる	Introduce	lấy vào, đưa vào	menerima
		機会	Opportunity	cơ hội	kesempatan

		何とか	If possible	một điều gì đó, một kết quả gì đó	bagaimanapun
Ⅲ	F	不眠	Insomnia	mất ngủ	tidak tidur
		頻尿	Frequent urination	đi tiểu thường xuyên	sering buang air kecil
		目を覚ます	Awake	tỉnh giấc	membuka mata
		回数	Number of times	số lần	frekuensi
	G	生理現象	Physiological phenomenon	hiện tượng sinh lý	fenomena fisiologis
		人の手を借りる	With someone's help	nhờ người khác một tay, nhờ giúp đỡ	meminta bantuan orang
		情けない	Miserable	buồn	sedih
		傷つける	Hurt	làm tổn thương	melukai
		寄り添う	Take into account	lại gần	mendekat
		配慮	Consideration	quan tâm	perhatian

第９課　入浴の介助

パート	タスク	ことば	英語	ベトナム語	インドネシア語
Ⅰ		入浴	Bathing	tắm	mandi
		介助	Assistance	hỗ trợ	bantuan
		こころ	Mind	trái tim	hati
		リラックスする	Relax	thư giãn	menenangkan
		湯船	Bathtub	bồn tắm nước nóng	bak mandi
	A	背中	Back	lưng	punggung
	B	浴室	Bathroom	phòng tắm	kamar mandi
		脱衣所	Changing room	phòng thay đồ	ruang ganti
		変化	Change	sự thay đổi	perubahan
		ヒートショック	Heat shock	sốc nhiệt	serangan panas
		体温	Body temperature	nhiệt độ cơ thể	suhu tubuh
		血圧	Blood pressure	huyết áp	tekanan darah
		脈拍	Pulse	mạch	detak
	C	体調	Physical condition	tình hình sức khỏe	kondisi tubuh
Ⅱ		腰	Lower back	lưng	pinggang
		担当する	Handle	phụ trách	bertanggung jawab
	D	カラオケ	Karaoke	karaoke	karaoke
		さっぱりする	Feel refresh	cảm thấy sảng khoái	menyegarkan
	E	引きうける	Accept	tiếp nhận	mengambil
		ひねる	Twist	vặn	memutar
Ⅲ		充実した	Fulfilling	đủ đầy	telah memenuhi
	F	入浴拒否	Refuse to bath	từ chối tắm	menolak mandi

		<ruby>足浴<rt>そくよく</rt></ruby>	Foot bath	tắm chân / ngâm chân	membersihkan kaki
	G	<ruby>清潔<rt>せいけつ</rt></ruby>に<ruby>保<rt>たも</rt></ruby>つ	Maintain the body clean	giữ gìn sạch sẽ	menjaga kebersihan
		<ruby>手入<rt>てい</rt></ruby>れ	Care	chăm sóc	pemeliharaan
		<ruby>健康的<rt>けんこうてき</rt></ruby>	Healthy	khỏe mạnh	sehat
		<ruby>全体<rt>ぜんたい</rt></ruby>	Entire body	toàn thể	keseluruhan
		<ruby>疾患<rt>しっかん</rt></ruby>	Disease	bệnh nhân, người bệnh	penyakit
		<ruby>早期発見<rt>そうきはっけん</rt></ruby>	Early detection	phát hiện sớm	deteksi dini
		お<ruby>湯<rt>ゆ</rt></ruby>につかる	Stay in hot water	ngâm trong nước nóng	berendam di air panas
		リラックスする	Relax	thư giãn	menenangkan
		<ruby>気分転換<rt>きぶんてんかん</rt></ruby>	Change of mood	thay đổi không khí	perubahan suasana hati

<ruby>第10課<rt>だい か</rt></ruby>　<ruby>洗髪介助<rt>せんぱつかいじょ</rt></ruby>・<ruby>清拭<rt>せいしき</rt></ruby>

パート	タスク	ことば	<ruby>英語<rt>えいご</rt></ruby>	ベトナム<ruby>語<rt>ご</rt></ruby>	インドネシア<ruby>語<rt>ご</rt></ruby>
I		<ruby>洗髪介助<rt>せんぱつかいじょ</rt></ruby>	Hair washing assistance	hỗ trợ gội đầu	bantuan cuci rambut
		<ruby>清拭<rt>せいしき</rt></ruby>	Bed bath	lau người	kebersihan
		<ruby>入浴<rt>にゅうよく</rt></ruby>	Bathing	tắm	mandi
	A	<ruby>腰<rt>こし</rt></ruby>	Lower back	lưng	pinggang
		かゆい	Itchy	ngứa	gatal
		<ruby>指<rt>ゆび</rt></ruby>さす	Point	chỉ ngón tay	menunjuk
	B	<ruby>事前<rt>じぜん</rt></ruby>に	In advance	trước	sebelumnya
		<ruby>多<rt>おお</rt></ruby>め	Lots of	hơi nhiều một chút	banyak
		クッション	Pillow	gối đệm	bantal
		バスタオル	Bath towel	khăn tắm	handuk
		<ruby>合<rt>あ</rt></ruby>わせる	Match	điều chỉnh cho phù hợp	menyesuaikan
		<ruby>頭皮<rt>とうひ</rt></ruby>	Scalp	da đầu	kulit kepala
		<ruby>看護師<rt>かんごし</rt></ruby>	Nurse	hộ lý chăm sóc	perawat
	C	<ruby>力加減<rt>ちからかげん</rt></ruby>	Strength	gia giảm lực	penyesuaian kekuatan
		さっぱりする	Feel refresh	cảm thấy sảng khoái	menyegarkan
II		<ruby>寄付<rt>きふ</rt></ruby>する	Make a donation	quyên góp	menyumbang
	D	<ruby>湿疹<rt>しっしん</rt></ruby>	Eczema	bệnh viêm da	eksema
		<ruby>気<rt>き</rt></ruby>が<ruby>進<rt>すす</rt></ruby>まない	Not in the mood for	không hưởng ứng	enggan
	E	ウエスタオル	Rag towel	khăn lau	handuk bekas
		<ruby>使<rt>つか</rt></ruby>い<ruby>捨<rt>す</rt></ruby>て	Single-use	dùng 1 lần rồi bỏ đi	sekali pakai
III	F	<ruby>訴<rt>うった</rt></ruby>え	Complain	khiếu kiện, phàn nàn	keluhan
		<ruby>軟膏<rt>なんこう</rt></ruby>	Ointment	thuốc mỡ	salep
	G	ふだん	Usually	bình thường, thông thường	biasanya
		<ruby>観察<rt>かんさつ</rt></ruby>する	Observe	quan sát	mengamati
		こまめに	Frequently	cần mẫn	sering

		リラックスする	Relax	thư giãn	menenangkan
		体位変換	Reposition	thay đổi vị trí cơ thể	perubahan posisi
		腰	Lower back	lưng	pinggang
		負担がかかる	Burden	tạo ra gánh nặng	memberi beban
		調節する	Adjust	điều tiết	mengatur

第11課　服薬介助

パート	タスク	ことば	英語	ベトナム語	インドネシア語
Ⅰ		服薬介助	Assistance in taking medicine	hỗ trợ uống thuốc	bantuan minum obat
		適切だ	Right	thích hợp	tepat
		対応する	Handle	đối ứng	menangani
		食後	After the meal	sau khi ăn	setelah makan
	A	～錠	tablet(s)	viên	～ butir
	B	体調	Physical condition	tình hình sức khỏe	kondisi tubuh
		時間をおく	Let time pass	cách quãng về thời gian	mengambil waktu
Ⅱ		機嫌が悪い	Bad mood	tâm trạng không tốt	suasana hati buruk
	D	カラオケ	Karaoke	karaoke	karaoke
		民謡	Folk song	dân ca	lagu rakyat
	E	どなる	Shout	kêu	berteriak
		プラセボ	Placebo	giả dược	plasebo
		ニセ	Sham	đồ rởm	palsu
		看護師	Nurse	hộ lý chăm sóc	perawat
Ⅲ		誤薬リスク	Medication error risk	rủi ro nhầm thuốc	risiko salah obat
		防ぐ	Prevent	ngăn ngừa	mencegah
	F	服薬拒否	Refuse to take medicine	từ chối uống thuốc	penolakan minum obat
		何とか	Somehow manage	một điều gì đó, một kết quả gì đó	bagaimanapun
		カプセル	Capsule	viên con nhộng	kapsul
		粉薬	Powder	thuốc bột	obat serbuk
		手で払う	Sweep the hand	thanh toán bằng tay	mendorong dengan tangan
		こぼれる	Spill	trào ra	tumpah
		胃薬	Stomach medicine	thuốc dạ dày	obat perut
	G	防止	Prevent	ngăn ngừa	pencegahan
		システム	System	hệ thống	sistem
		複数	Multiple	nhiều	beberapa

第12課　レクリエーション

パート	タスク	ことば	英語	ベトナム語	インドネシア語
Ⅰ		レクリエーション	Recreation	giải trí	rekreasi
		効果	Effect	hiệu quả	pengaruh
		楽しむ	Enjoy	thưởng thức	senang
		取り入れる	Introduce	lấy vào, đưa vào	mendapatkan
	A	書道	Calligraphy	thư pháp	kaligrafi
		雛祭り	Hina Festival	lễ hội búp bê	festival hina
		自分で	By oneself	tự mình	sendiri
		墨	Ink	mực	tinta
		作品	Creation	tác phẩm	karya
	B	脳トレ	Cognitive training	luyện tập não	latihan otak
		頭を使う	Use the brain	sử dụng đầu óc	menggunakan kepala
		手先を動かす	Move the fingers	cử động ngón tay	menggerakkan jari
		時間配分	Time allocation	phân bổ thời gian	membagi waktu
Ⅱ		お茶会	Tea gathering	tiệc trà	pesta teh
	D	茶道	Tea ceremony	trà đạo	upacara minum teh
		寄付する	Make a donation	quyên góp	menyumbang
	E	喜んで	Pleased	vui mừng	dengan gembira
Ⅲ	F	輪げり	Wageri (ring tossing)	đá vòng	cincin
		機能回復	Function recovery	phục hồi chức năng	pemulihan fungsi
		積極的	Actively	một cách tích cực	positif
		体操	Exercise	thể dục	senam
	G	働き	Function	sự hoạt động	fungsi
		活性化	Activate	trở nên sôi động	pengaktifan
		社会的活動	Social activities	hoạt động mang tính xã hội	aktivitas sosial
		楽しさ	Enjoyment	niềm vui	kesenangan
		味わう	Experience	nếm, thưởng thức	merasakan
		生きる力	Strength to live	sức sống	kekuatan hidup
		つながる	Lead to	gắn với, dẫn đến	berhubungan

第13課　イベント・行事

パート	タスク	ことば	英語	ベトナム語	インドネシア語
Ⅰ		イベント	Event	sự kiện	acara
		行事	Festival	hoạt động	peristiwa
		運動会	Sports festival	Đại hội thể thao	lomba olah raga
		出番	Turn	đến lượt	giliran

	A	七夕(たなばた)	Tanabata	lễ thất tịch / lễ hội sao	tanabata
		笹(ささ)	Bamboo grass	cỏ tre	rumpun bambu
		短冊(たんざく)	Strip of paper	mảnh giấy / vải ghi điều ước được treo lên cành tre	tanzaku
		つるす	Hang	treo	menggantung
		長(なが)生(い)き	Long life	sống lâu	umur panjang
		お茶会(ちゃかい)	Tea gathering	tiệc trà	pesta teh
	B	好(この)み	Tastes	sở thích	kesukaan
		関心(かんしん)	Interests	sự quan tâm	minat
		内容(ないよう)	Content	nội dung	penjelasan
		工夫(くふう)	Adapt	công phu	upaya
		動(うご)かす	Move	làm cho hoạt động	menggerakkan
		～同士(どうし)	Between	cùng là ~ với nhau	sesama ~
		コミュニケーション	Communication	sự giao tiếp	komunikasi
		深(ふか)める	Deepen	làm sâu sắc	memperdalam
Ⅱ		玉(たま)入(い)れ	Ball-toss game	ném bóng	lempar bola
		作品展(さくひんてん)	Exhibition	triển lãm tác phẩm	pameran
		提案(ていあん)する	Propose	đề xuất	menyarankan
	D	迷惑(めいわく)をかける	Trouble	làm phiền	merepotkan
	E	もみじ狩(が)り	Leaf peeping	hái lá đỏ, hái lá phong	melihat maple
		時期(じき)	Season	thời kỳ	periode
		習字(しゅうじ)	Calligraphy	văn phong	menulis indah
		励(はげ)み	Encouragement	sự khích lệ	memotivasi
Ⅲ		実施(じっし)する	Hold	thực hiện	melaksanakan
	F	トラブル	Trouble	rắc rối	masalah
		怒(おこ)る	Get upset	giận, bực tức	marah
		我慢(がまん)する	Tolerate	chịu đựng	bersabar
		とりあえず	For now	tạm thời, trước mắt	untuk sekarang
		収(おさ)まる	Cool down	lắng xuống, dịu lại	mengendap
		不満(ふまん)	Complain	than phiền	mengeluh
		要望(ようぼう)	Demand	nguyện vọng	permintaan
	G	合(あ)わせる	Match	điều chỉnh cho phù hợp	menyesuaikan
		変化(へんか)をつける	Make a change	tạo ra sự thay đổi	mengubah
		単調(たんちょう)	Monotonous	đơn điệu	membosankan
		楽(たの)しさ	Joy	niềm vui	kegembiraan

第14課　認知症の利用者への対応

パート	タスク	ことば	英語	ベトナム語	インドネシア語
Ⅰ		認知症	Dementia	chứng sa sút trí tuệ	demensia
		対応	Deal	đối ứng	respons
		向き合う	Face	đối mặt với	menghadapi
		食後	After the meal	sau khi ăn	setelah makan
	B	怒る	Get upset	giận, bực tức	marah
		傷つける	Hurt	làm tổn thương	terluka
		何かしら	Some kind of	không biết điều gì nhỉ	sesuatu
		不安	Worry	bất an	cemas
		受け入れる	Accept	tiếp nhận	menerima
		否定する	Deny	phủ nhận	membantah
		ペースに合わせる	Match the pace	điều chỉnh cho phù hợp với tốc độ	menyesuaikan dengan irama
		重要だ	Important	quan trọng	penting
Ⅱ		タンス	Chest of drawers	tủ quần áo	laci
		研修会	Training workshop	buổi tập huấn	workshop
		ケア	Care	chăm sóc	perawatan
	D	たな	Shelf	giá, kệ	rak
	E	実践報告	Practice report	báo cáo thực hành	laporan praktik
Ⅲ		快適に	Comfortably	khoan khoái	nyaman
	F	帰宅願望	Desire to return home	mong muốn về nhà	keinginan pulang
		家内	Wife	vợ	istri
		実は	Actually	thực ra là	sebenarnya
	G	求める	Need	yêu cầu, đòi hỏi	mencari
		存在	Person	sự tồn tại	keberadaan
		重要だ	Important	quan trọng	penting
		コミュニケーション	Communication	sự giao tiếp	komunikasi
		孤独	Loneliness	cô độc, cô đơn	kesepian

第15課　利用者の家族への対応

パート	タスク	ことば	英語	ベトナム語	インドネシア語
Ⅰ		対応	Deal	đối ứng	respons
		日頃	Regularly	hàng ngày	sehari-hari
		コミュニケーション	Communication	sự giao tiếp	komunikasi
		関係	Relationship	mối quan hệ	hubungan
		提供する	Provide	cung cấp	menyediakan

		面会	Visit	thăm nom	pertemuan
	A	面会カード	Visit card	thẻ thăm nom	kartu pertemuan
		書き込む	Write	viết vào	isi
		ゲストカード	Guest card	thẻ khách	kartu tamu
		振る	Wave	rung	lambai
		広げる	Open	mở rộng	melebar
	B	気軽に	Easily	dễ dàng, thoải mái	dengan bebas
		リクエスト	Request	yêu cầu	meminta
		定期的に	Regularly	định kỳ	secara rutin
		工夫	Find a way	công phu	upaya
		直接	Directly	trực tiếp	langsung
		重要だ	Important	quan trọng	penting
Ⅱ		外泊許可	Authorization to stay out overnight	cho phép ngủ bên ngoài	izin menginap
		～泊	night(s)	trọ, ngủ	～ malam
		受け取る	Accept	tiếp nhận	menerima
	E	禁止	Forbidden	cấm	larangan
Ⅲ		要望	Demand	nguyện vọng	permintaan
		クレーム	Claim	khiếu nại	keluhan
	F	外出	Going out	việc đi ra ngoài	keluar
		夫婦	Husband and wife	vợ chồng	pasangan suami istri
		自宅	Home	nhà riêng	rumah
		昼食キャンセル	Lunch cancelation	hoãn bữa trưa	pembatalan makan siang
		届け出	Notification	đăng ký, khai	pemberitahuan
		戻り	Return	sự quay về	kembali
	G	相手	Other person	đối phương	pihak lain
		立場に立つ	Take the viewpoint	đứng trên lập trường	berada di posisi
		共感して聞く	Listen with empathy	nghe với sự đồng cảm	mendengar dengan empati
		あいづちを打つ	Nod	nói thán từ	melontarkan respons yang menunjukkan perhatian
		何かしら	Some kind of	điều gì đó	sesuatu
		リーダー	Leader	nhóm trưởng, thủ lĩnh	pemimpin
		記録する	Record	ghi lại	mencatat

人とつながる　介護の日本語
PC:7022061